KB218698

행복을 만드는 교회

행복을 만드는 교회

초판 1쇄 발행 ｜ 2020년 2월 1일

지은이 ｜ 김종원
펴낸이 ｜ 이한민
펴낸곳 ｜ 아르카

등록번호 ｜ 제307-2017-18호
등록일자 ｜ 2017년 3월 22일
주　　소 ｜ 서울 성북구 숭인로2길 61 길음동부센트레빌 106-1805
전　　화 ｜ 010-9510-7383
이메일 ｜ arca_pub@naver.com

홈페이지 ｜ www.arca.kr
블로그 ｜ arca_pub.blog.me
페이스북 ｜ fb.me/ARCApulishing

책　　값 ｜ 뒤표지에 있습니다
ISBN ｜ 979-11-89393-11-3　03230

아르카ARCA는 기독출판사이며 방주ARK의 라틴어입니다(창 6:15).
네가 만들 방주는 이러하니 … 새가 그 종류대로, 가축이 그 종류대로,
땅에 기는 모든 것이 그 종류대로 각기 둘씩 네게로 나아오리니 그 생명을 보존하게 하라 _창 6:15,20

아르카는 (사)한국기독교출판협회 회원 출판사입니다.

HAPPY MAKER

누가 봐도 흐뭇한 교회의 목적

행복을
만드는
교 회

김종원 지음

아르카

행복한 사람이
행복한 세상을 만듭니다

성도와 교회에게 행복이란 무엇일까?

엘리노어 루즈벨트(Eleanor Roosevelt)는 "행복은 목적지가 아니라 잘 살고 있는 삶의 부산물이다"라고 말했다. 현대를 살아가는 사람들은 행복해지는 방법에 대해 관심이 많다. 더 정확하게 말하면, 사람들은 행복해지고 싶어 한다. 행복이란 무엇일까? 행복의 사전적 의미는 사람이 생활 속에서 기쁘고 즐겁고 만족을 느끼는 상태에 있는 것이라고 한다.

그렇다면 예수 그리스도의 자녀들에게 행복은 무엇일까? 기쁨과 만족을 느끼는 감정의 상태를 넘어 하나님이 우리를 지으신 목적을 행하며 살아가는 과정과 결과라고 나는 생각한다. 하나님을 찬양하며 누리는 감격, 영혼 구원을 위해 애쓰고 노력하는 과정에서 누리는 기쁨, 주께로 돌아온 영혼을 바라보며 누리는 감사가 진정한 행복이 아닐까 하는 것이다. 성도 한 사람이 그런 행복을 누리기도 하지만, 그런 성도들이 모인 곳이 바로 교회 공동체이다. 그러므로 교회만큼 행복한 곳이 또 있을 수 있을까?

경산중앙교회의 목회비전은 '부흥을 꿈꾸며, 한 영혼을 제자 삼아, 세상을 변혁하는, 3대가 행복한' 교회이다. 예수님을 알지 못하는 한 사람 한 사람의 영혼에 집중하여 그들을 그리스도께 나오게 하며, 그리스도의 장성한 분량까지 자라가는 제자를 삼고, 우리가 살아가는 세상을 그리스도의 복음으로 변화시켜 주 안에서 3대가 행복하기를 바라는 목회비전이다. 이 비전 자체가 경산중앙교회이기도 하다.

우리 교회를 소개할 때 사용하는 평생 표어가 있다. 바로 "행복한 사람이 행복한 세상을 만듭니다"이다. 예수님을 만나 구원을 얻어 새 생명으로 사는 행복한 사람이 다른 사람에게 이 기쁜 소식을 전하며 함께 살아가는 행복한 세상을 만든다는 의미이다. 목회비전과 평생 표어, 이 두 가지에 공통점이 있다면 '행복'이다. 주 안에서 행복한 사람으로 살아가고 싶다는 소망을 담은 비전이요, 교회가 존재하는 목적을 담은 철학이다.

하나님은 우리가 행복하기를 원하신다. 신명기의 기자는 "내가 오늘 네 행복을 위하여 네게 명하는 여호와의 명령과 규례를 지킬 것이 아니냐"라고 말씀하신다(신 10:33). 성경에서 말씀하는 행복한 사람은 구원을 얻은 백성이다. 왜냐하면 그런 사람에게는 하나님이 도우시는 방패와 영광의 칼이 되시기 때문이다(신 33:29). 경산중앙교회의 담임목사로서 나는 우리 성도들이 그렇게 행복하기를 정말 간절하게 소망한다.

이 책에는 2019년 하반기 국민일보에 16주 동안 소개되었던 경산중앙교회의 다양한 사역 이야기가 좀더 구체적으로 담겨 있다. 국민일보의 기사 테마가 '행복목회'였다. 경산중앙교회의 성도들이 참여한 목회의 행복한 현장이 고스란히 담겨 있다.

사실 사역이나 목회가 언제나 행복하지만은 않다. 힘든 일도 있고 마음이 어려운 때도 종종 있다. 그렇지만 우리의 행복이 감정을 넘어 사역의 과정과 결과를 의미한다면, 나는 단언컨대 우리의 사역이 행복하다고 말할 수 있다. 이 책의 주인공은 경산중앙교회의 온 성도이다. 우리 성도들의 섬김을 통해 경산과 대구 지역을 넘어 전 세계에 하나님 나라가 확장되고 있다고 확신한다.

예수 그리스도의 생명을 소유한 자로서 우리가 무엇을 더 바랄 수 있을까? 경산중앙교회의 모든 성도들이 하나님께서 값없이 주신 구원을 누리며 살아가기를 나는 소망한다. 예수님께 받은 사랑과 공동체에서 누리는 행복이 넘쳐 흘러, 이제는 더 많이 가지려 애쓰는 자가 아니라 믿지 않는 영혼들에게 그 행복을 나누는 믿음의 공동체가 되기를 기도한다.

사랑과 감사로,
경산중앙교회 담임목사 김종원

Contents

행복의 문을
열어온 교회

경산중앙교회 60년, 건강한 부흥의 역사

🌿 국가 위기와 교회의 위기

'국가부도의 날'이라는 영화가 있었습니다. 1997년의 IMF 외환위기를 배경으로 한 영화이지요. 정부를 믿고 의지하던 국민에게 배신과 고통을 안겨준, 가슴 아픈 실패의 역사를 그려낸 영화인만큼 보는 내내 안타까운 심정이었습니다.

IMF 외환위기가 일어난 지 20년이 이미 지났습니다. 그 동안 대한민국은 글로벌 금융위기도 경험했습니다. 다행히 외환위기를 일찌감치 극복하고 이제는 어느 정도 경제적 안정을 되찾은 것 같기도 합니다. 하지만 어쩌면 여전히, 우리는 지금 이 순간도 위기의 시대를 살아가는 것은 아닌지 모르겠습니다. 세상 물정은 언제나 어려워 보이니까요.

그렇다면 교회는 어떠한가요? 한때 폭발적인 부흥을 경험했던 한국교회가 이제는 위기에 빠진 이 시대의 세상처럼 쇠락의 길에 접어들었다는 말을 듣고 있습니다. 기존 교회는 성도가 줄어들고, 새로 개척하는 교회들도 자리를 잡기 어려울 만큼 성장이 어렵습니다. 그래서 교회의 위기라고 말합니다.

교회의 위기에는 여러 가지 이유가 있겠지만, 우선 내부 요인과 외부 요인으로 크게 구분할 수 있겠습니다. 내부 요인으로는 한국교회가 세속화되어왔다는 사실과, 그로 인해 '성장 역동성'을 잃어버린 것을 먼저 꼽겠습니다. 과도히 빚을 내서라도 무리하게 예배당을 건축해서 교회가 세상 기업처럼 부도가 나는 일이 생기기도 했습니다. 이는 다 교회가 하나님의 백성의 공동체라는 본질에서 멀어진 탓이라고 생각합니다.

외부 요인으로는 국가의 인구 감소 및 인구 구조의 변화를 먼저 꼽을 수 있습니다. 결혼이 줄어들고 출산율이 덩달아 줄어드니 중장년과 노년층이 늘어나는 역삼각형 인구 구조로 변화되고 있는 것이지요. 그에 따른 경제위기와 더불어, 경제를 주로 책임질 30-40대 주력세대의 가치관 변화도 심각한 이유가 됩니다. 그들은 어느 때보다 어려워진 경제 상황에서 살아가기에, 눈에 보이는 물질에 우선 가치를 두고 신앙생활에는 관심을 두지 않는 경향이 있습니다.

사실 이렇게 장황하게 나열하지 않아도, 국가의 정치, 경제, 안보, 외교는 물론 우리 주변의 어느 한 구석도 쉬운 곳이 없는 현실입니다. 한 마디로 교회 안팎의 상황이 녹록치 않습니다.

그렇다면 이렇게 어려운 환경이 비단 지금만의 일일까요? 그렇지 않습니다. 가깝게는 불과 반세기 이전을 살아온 우리 선배들만 해도 해방과 전쟁을 지나면서 숱한 고초를 겪으셨고, 저 멀리 1세기를 살아가던 초대교회와 성도들 역시 살아가던 상황이 쉽지 않았습니다. 더 어려웠겠지요. 위기와 어려움은 언제나 반복되었습니다. 모두 핍박당하는 상황에서 내부적으로 분열의 위기가 있었고, 죽음을 감수하는 일도 있었습니다. 그들의 지도자들은 심지어 순교의 제물이 되었습니다. 그러나 성경은 이렇게 기록합니다.

"온 유대와 갈릴리와 사마리아 교회가 평안하여 든든히

서 가고 주를 경외함과 성령의 위로로 진행하여 수가 더 많아지니라"(행 9:31).

이 말씀이 나오는 사도행전을 살펴보면 알 수 있듯이, 모든 교회가 외부 환경에 좌우되지는 않습니다. 주님이 주인이신 교회는 위기의 상황을 뛰어넘고, 핍박받는 상황에서 오히려 부흥을 경험할 수 있습니다.

🌿 '좋은 교회'라는 목표를 향해 달려온 교회

1997년의 IMF 외환위기와 2018년 글로벌 금융위기라는 두 번의 국가적 위기에도 새로운 성전을 건축하고 계속해서 부흥의 길을 걸어온 교회가 있습니다. 2019년에 설립 60주년을 맞이한 경산중앙교회입니다. 경북 경산에 위치한 경산중앙교회는 1959년 설립된 이래 50년간 예배당을 네 번 새롭게 건축했고, 교회의 외형을 확장하면서 지역사회와도 함께 해왔습니다.

비록 눈에 보이지는 않지만 분명히 살아계신 하나님을 바라보면서, 복음의 씨를 뿌리며 기도하던 경산중앙교회는

1990년대 초반에 급성장하는 변곡점을 맞이했습니다. 출석하는 장년 인원이 1,000명을 넘어선 것입니다. 엘리야가 가뭄 속에서 먼 곳의 손바닥만 한 구름을 보고 비가 올 것을 안 것처럼, 경산중앙교회의 목회자와 성도들이 '좋은 교회'라는 같은 목표를 함께 바라보며 달려왔기 때문입니다. 이때부터 경산중앙교회 성도들은 3,000명 성도, 3,000석 예배당을 놓고 기도했습니다.

경산중앙교회로서는 두 번째였던 경산시장 성전에서 세 번째인 공단 성전을 건축하던 1997년에 IMF 외환위기를 경험했고, 네 번째인 현재 성전의 건축은 글로벌 금융위기의 한 가운데에서 진행되었습니다. 외부 상황은 도무지 회복될 것 같지 않았지만, 성도들은 오직 하나님을 의지하며 기도했습니다. 눈물로 기도했고 최선을 다해 섬겼으며, 하나님의 도우심으로 성전건축이 완료되었습니다. 드디어 3,000석의 예배당이 건축되었고, 그 사이에 장년출석 인원은 3,000명을 훌쩍 넘어섰습니다.

현재 담임인 김종원 목사는 경산중앙교회의 10대 담임목사입니다. 3차 건축 시절이던 90년대에 부교역자로서 함께 사역했고, LA 세계로교회, 나성한미교회, 서울 사랑의교회의 부교역자를 거쳐, 2009년 4차 건축이 완료된 시점에 담임목사로 부임했습니다.

🌿 부흥을 꿈꾸며 한 영혼을 제자 삼아 세상을 변혁하는 3대가 행복한 교회

오랫동안 기도하던 3,000석 본당을 갖춘 예배당의 건축을 마친 후, 이후 10여 년 동안 경산중앙교회는 무엇을 했을까요? 이 질문은 '하나님이 과연 경산중앙교회에 왜 3,000석의 예배당을 주셨을까?'라는 '사명에 대한 질문'으로 바꾸어 볼 수 있다고 생각합니다.

경산중앙교회는 네 번째의 새 성전 건축 후 10여 년간 무형의 교회, 다시 말해 교회의 본질인 성도의 건강성 유지와 영적 성장에 심혈을 기울였습니다. 제자훈련과 전도를 통해 '부흥을 꿈꾸며 한 영혼을 제자 삼아 세상을 변혁하는 3대가 행복한 교회'의 꿈을 펼치고 있습니다. 이것은 지금 경산중앙교회의 목회비전이기도 합니다. 진정한 교회인 사람을 키우는 목회에 전념하고 있는 것입니다.

경산중앙교회 사역의 중요한 두 축인 '훈련'과 '전도'는 유기적으로 움직이고 있습니다. 한 사람의 성도가 제자훈련을 통해 예수 그리스도를 따르는 성숙한 청지기가 됩니다. 훈련받은 성도는 봉사의 일을 하고 공동체를 세우며 복음의 증거자가 되지요. 훈련된 예수 그리스도의 제자는 "땅끝까지 복음을 전파하고 제자를 삼으라"는 그분의 지상명령을 따라, 각자 삶의 자리에서 믿지 않는 영혼을 주께 돌이키는 영혼 구원 사역에 순종하게 됩니다. 전도받은 새신자는 생명을 얻은 데 만족하지 않고, 제자훈련에 참여함으로써 성숙한 그리스도인으로 자라납니다. 이렇게 훈련과 전도를 통해 생명이 재생산되고, 훈련과 전도가 순환적이고 동시다발적으로 이루어지기 때문에 교회의 건강성이 유지되는 것입니다. 이제는 3,000석의 본당에 주일학교 포함 6,700여 명의 성도가 매주일 함께 예배를 드리며, 안팎으로 내실을 다지고 있습니다. 그리하여 대구와 경북을 섬기는 지역교회로서뿐 아니라, 이 민족과 세계를 품는 교회로 성장하고 있습니다.

경산중앙교회 성도들에게 "교회란 무엇인가?"라고 질문하면 "교회는 예수 그리스도를 구주로 믿는 성도 한 사람, 즉 나입니다"라고 대답합니다. 그래서 '교회가 된 성도로서 어떻게 살아야 하며 무엇을 해야 할 것인가?'에 대해 고민하게 되지요. 이 고민은 성도의 개인적인 질문인 동시에 경산중앙교회의 공동체적 질문이기도 합니다. 그래서 교회가 외형을 늘리기보다 어떻게 더 건강해질지, 어떻게 이 사회에서 빛과 소금의 역할을 감당할지 고민하고 기도하며 서로 소통하려 합니다.

영화 '국가부도의 날'에 이런 대사가 나옵니다.

"위기는 반복됩니다. 하지만 위기는 기회입니다. 끊임없이 사고하고 항상 깨어 있는 눈으로 세상을 바라보는 것을 잊지 말아야 합니다."

한국교회는 어쩌면 또 다른 위기를 만나게 될 것입니다. 그러나 그 위기를 기회로 삼아 계속 전진해야 할 것입니다. 하나님의 뜻을 구하고 깨어 기도하며, 세상을 향한 하나님의 뜻을 행하는 교회는 하나님이 계속 부흥시키실 것입니다. 그 대열에 경산중앙교회가 앞장서며 하나님을 기쁘시게 하는 건강한 교회로 존재할 것을 다짐합니다.

#위기의시대 #교회의위기 #성장역동성 #부흥의길 #좋은교회 #건강한교회

Chapter 01

소통하는 리더십,
창의적인 동역

형제 같은 당회, 친구 같은 교역자들

 제왕적 리더십은 이제 그만

경산중앙교회에서 자동차로 불과 15분 거리에 '청도 소싸움
장'이 있습니다. 비교적 근사하고 규모가 있는 '소싸움 테마
파크'이지요. 매년 경기 시즌이 되면 호젓한 도시 외곽에 생
기가 돕니다.

경기장 안으로 들어가면 우람한 소들이 거친 숨을 몰아쉬
며 힘자랑을 하는 모습을 볼 수 있습니다. 특별히 응원하는
소가 없어도 보는 이로 하여금 두 손을 불끈 쥐게 만듭니다.

그런데 신기하게도 소들은 이런 싸움장이 아닌 곳에서는 싸움을 하지 않는다고 하네요. 암소를 두고서 수소가 힘겨루 기를 하는 경우를 제외하면, 오직 소싸움장에서만 힘겨루기를 한답니다. 경기장 밖에서는 그저 쇠죽을 후후 불며 먹고, 혹여 콩깍지라도 들어 있으면 '음매' 하며 좋아하는 온순한 소가, 막상 경기장 안에 들어가기만 하면 콧김을 뿜으며 달려드는 것입니다.

교회는 어떠합니까? 혹자는 소싸움을 한국교회의 당회에 비교합니다. 당회실 밖에서는 모두 온순한 소 같지만, 그 안에 들어가기만 하면 (항상 그렇지는 않아도 종종) 싸움을 하기 때문입니다. 그래서 '당회무용론'을 내세우기도 하고, 당회가 없는 회중교회 제도의 장점을 설파하기도 하지요. 각각 자기 생각이 옳다고 힘자랑을 하는 당회의 문제는 어쩌면 제왕적 리더십을 고수하려는 담임목사에게 먼저 그 책임이 있을 수 있습니다.

장로님들이 이구동성으로 가장 싫어하는 말이 무엇일까요? 아마도 "당회장이 기도해보고 결정했습니다"라고 말하는 담임목사의 일방적인 선포가 아닐까요? 게다가 사전 언지 전혀 없이 설교 중에 회중에게 선포하는 방식이면 더욱

황당합니다.

물론 하나님이 목회자에게 주신 선지자적 은사나 기능이 없는 것은 아닙니다. 저는 교회 설립 60주년을 앞두었을 때 하나님 앞에서 철저하게 순복한다는 의미로 교역자들과 3일 금식을 결정하고, 선한 뜻을 가지고 성도들에게 함께 동참할 것을 공예배 때 선포하고 권면했습니다. 하지만, 이런 성격의 일을 제외하면, 교회 의사결정의 거의 대부분은 모두 사전에 상의할 수 있고 또한 그래야 합니다.

경산중앙교회는 이런 측면에서 거의 모든 의사결정이 당회에서 상의를 통해 이루어집니다. 너무 시시콜콜 상의하다 보니, 어떤 장로님은 "목사님! 그 정도는 이제 목사님이 알아서 하세요"라고 말씀하실 정도입니다. 왜냐하면 우리 장로님들은 정말 바쁘기 때문입니다. 주중에는 생업의 현장에 있다가, 주일이면 각각 맡은 부서에서, 교회 주차장에서 주차 봉사로, 교회 로비에서 안내로, 게다가 당회실에서 간담회로 동분서주합니다. 그러니 그 정도는 목사님이 알아서 하시라는 말씀이지요. 그래도 저는 또 상의합니다. 왜요? 제게 언제 싹틀지 모르는 제왕적 리더십을 경계하기 위해서입니다.

끊임없이 소통하고 상의하기를 즐겨하는 담임목사가 꿈

경산중앙교회가 꿈꾸는 당회는
끊임없이 소통하고 상의하기를 즐겨하는
'형제 같은 당회'입니다.

당회원들의 행복한 수련회

담임목사와 부교역자끼리 어깨동무하고 장난도 칠 수 있는 분위기,
창의적인 목회 아이디어를 공유하고 실천할 수 있는 환경입니다.

단양에서 열린 교역자수련회

교역자수련회에서 '건진' 몸과 마음의 일치 장면

60주년 기념, 행복한 사람들의 축제를 위한 진군식에서
떡 케이크 커팅을 하는 당회원

꾸는 당회는 '형제 같은 당회'입니다. 아직 완전하다고 할 수는 없지만, 제왕적 리더십을 내려놓음으로써 형제 같은 당회를 향해 한걸음 더 가까이 나아가기를 기대합니다.

 형제 같은 교역자들의 창조적 목회

교회 지도력의 중심부가 될 수 있는 또 다른 조직을 살펴보겠습니다. 바로 교역자실입니다.

만일 오늘날 대부분 한국교회에서 담임목사와 부교역자가 함께 어깨동무를 하며 장난칠 수 있다면, 담임목사가 부교역자에게 애정의 표시로 헤드록(Headlock)을 할 수 있다면, 뭔가 골똘히 생각하고 토론할 때는 아무리 담임목사 앞이라 할지라도 팔짱을 끼고 먼 산을 바라볼 수 있다면, 회의실 안이든 밖이든 상관없이 무슨 생각이나 아이디어를 주고받을 수 있다면, 한국교회의 교역자실은 지금보다 훨씬 달라졌을 것입니다. 솔직히 말하면, 한국사회에서 거의 마지막으로 남겨진 관료적 사회가 담임목사와 부교역자의 관계가 아닐까 생각합니다. 그래서 그 관계는 점점 딱딱하게 화

25

석화되며 복지부동이 미덕으로 남아 있는 것이 아닐까 짐작해봅니다. 그러니 부교역자실의 분위기 역시 딱딱해진 것은 아닐까요?

경산중앙교회에 처음 부임하는 교역자는 회의에 참여하면서 문화충격을 경험한다고 고백합니다. 일단 회의 전에 부교역자들이 연차를 사용하여 다녀온 가족여행 이야기를 하면서 삼삼오오 모여드는 것을 낯설어 합니다. 회의 중에 오가는 이야기를 듣다가 눈이 휘둥그레질 때도 있습니다. "회의 시간에 그런 이야기를 해도 되요?"라고 선배 교역자에게 묻기도 합니다. 다른 교회에서 3년간 사역하는 동안 담임목사와 함께하는 교역자회의에서 말한 것보다, 우리 교회에서 한 달 동안 더 많은 이야기를 했다고 공통적으로 말합니다.

경산중앙교회는 교육전도사 1호봉이라 해도, 심지어 인턴전도사라고 해도 사역에 대해 창의적인 아이디어가 있다면 소신 있게 나누고 의논할 수 있는 교회입니다. 그렇게 창의적인 아이디어를 도출한 사례 중 하나가 몇 년 전 송구영신예배 후의 교통체증 해소 방안에 관한 이야기입니다.

송구영신예배를 마치고 수백 대의 차량이 한꺼번에 주차장을 빠져나가면서 생기는 어려움에 대해 논의하다가, 한 사역자가 "우리가 남천 강변(경산중앙교회 바로 옆의 강변)에 도열해서 교회를 나가는 성도들을 배웅합시다"라고 제안한 것입니다. 차들이 도로로 진입해 빠져나가려면 어차피 신호 대기 때문에 지루하게 기다려야 하니, 우리 교역자들이 강변에 도열해 인사를 하자는 것이었지요. 그 아이디어는 채택되었고, 30여 명의 사역자들이 새해 첫날 새벽에 남천 강변에 도열했습니다. 성도들을 축복하는 메시지를 각자 현수막 같은 것에 써서 들었습니다. 그런데 놓친 것이 있었습니다. 그 해 송구영신예배 후 새벽 기온이 영하 15도였거든요. 교역자들은 모두 얼어 죽기 일보직전이 되고 말았습니다만, 지금은 영웅담처럼 웃으며 그때 이야기를 나누곤 합니다.

 목자의 마음으로 기획하는 '창목회'

경산중앙교회는 매년 여름 휴가철에 '3대가 함께 하는 금요성령집회'를 엽니다. 변변한 휴가조차 챙길 수 없는 성도들이 교회에서라도 영적 휴가를 즐기길 바라는 마음에서 시작된 사역이지요. 추첨을 통해 교역자들이 성도들에게 수박을 선물하기도 하고, 한여름의 추억을 간직하라고 장수풍뎅이를 선물로 드리기도 했습니다. 조금이라도 여름의 낭만을 즐기도록 해주고 싶은 교역자들의 마음이었지요. 어느 해에는 교회 마당에 텐트촌을 설치했습니다. 사연을 공모해 성도들을 선발하여 바비큐 파티를 열고, 본당 야외 뒷벽을 스크린 삼아 심야 야외극장을 꾸미기도 했습니다. 교역자들은 힘들었지만, 참여한 가족들이 즐거운 시간을 가지면서 행복한 미소를 짓는 걸 보며 행복했습니다.

이런 아이디어들이 재미와 이벤트를 위한 것만은 아닙니다. 성도를 목양하는 목자의 마음 때문이지요. 성도들이 교회에서 더 행복을 누리기를 원하는 사역자들의 노력이고 기도이고 시도입니다. 그래서 경산중앙교회 교역자회의 이름이 '창목회'입니다. '창조적인 목회자들의 모임'이라는 뜻이지요.

도무지 방향을 알 수 없는 밀레니얼 세대를 대상으로 하는 현재의 목회를 위기라고 말하는 이들이 많습니다. 그렇지만 주님의 제자가 된 교회의 리더들이 먼저 주님을 닮아간다면, 이런 상황 또한 즐겁고 행복하게 만들 수 있지 않을까 생각합니다. 겉옷을 벗고 수건을 가져다 허리에 두르시고,

제자들의 발을 씻으셨던 주님의 모범(요 13:4-5)을 따라 하는 세족식을 단지 행사로만 보는 것이 아니라, 진실로 제왕적 리더십을 내려놓는 작은 실천으로 다가간다면, 소통을 중요하게 생각하는 밀레니얼 세대와 더불어 창조적으로 행복하게 목회할 수 있다고 생각합니다.

#겸손한목회리더십 #형제같은당회 #소통하는교회
#친구같은교역자들 #영적휴가이벤트 #창조적목회

Chapter 02

모이는 교회와
흩어지는 교회의 균형

성도는 전도하고 교회는 개척합니다

교회 손수레의 두 바퀴

우리말의 '손수레'는 영어식으로 '리어카'라고 부르고 일본
식으로는 '구루마'라고 부르기도 합니다. 아무리 무거운 물
건도 쉽게 운반할 수 있는 신통한 기구죠. 그러나 이 기구가
편리하려면 두 바퀴의 크기가 같고 균형을 이루어야 가능합
니다. 그렇지 않으면 여간 쓰기 힘든 도구가 아닙니다. 하다
못해 마트에 가서 카트를 밀어 봐도 다 아는 이야기가 아닙
니까? 바퀴 하나라도 어긋나면 밀고 다니기 어렵습니다.

교회에도 마치 손수레의 두 바퀴와 같은 것이 있습니다. 하나는 '모이는 교회'로서의 바퀴이고, 다른 하나는 '흩어지는 교회'로서의 바퀴입니다. 이 두 바퀴가 균형을 이룰 때 교회는 앞으로 잘 나아갈 수 있습니다. 그렇지 않고 한쪽이 더 크거나 다른 한쪽이 잘 움직이지 않으면, 억지로 밀면 잠깐 전진하는 것처럼 보여도 결국은 제자리일 뿐입니다.

　'모이는 교회'란 성도들이 함께 모여 예배드리고, 말씀을 나누고, 서로 교제하는 것을 말합니다(행 2:46-47). 반면, '흩어지는 교회'란 성도들이 살아가는 세상으로 나아가는 것입니다. 자발적이든 어쩔 수 없이 나가는 것이든, 좌우간 세상에서 복음을 전하고 세상을 섬기는 것입니다(행 8:1,4).

　그런데 지금까지 한국교회가 가장 잘 했던 것은 무엇일까요? 모이기를 힘쓰는 교회입니다. 솔직히 말하면 '모이는 교회'를 넘어서 이제는 '뭉치는 교회'가 되었습니다. "우리 교회, 우리 목사님, 우리 교회가 최고!"라고 자부하는 것 자체는 좋은 것입니다. 그렇게 뭉치는 힘으로 전도도 하고, 선교도 하도, 사명도 감당했습니다. 그러나 뭉치기만 해서 덩어리째 오래 있다 보니 이제는 그만 굳어 버렸습니다. 아예 아주 딱딱하게 화석이 되어 버리기도 했지요. 그러므로 이제는 어디에 관심을 기울여야 할까요? 바로 흩어지는 교회에 집중해야 할 때입니다.

분립개척으로 흩어지는 교회

경산중앙교회는 지난 10년 동안 분립개척사역에 대해 연구하고 준비해왔습니다. 2016년 당회에서 분립개척에 대한 내규를 마련하고, 2017년 제직회와 공동의회를 통해 분립개척사역을 교회의 주요 사역으로 확정지었습니다. 2018년 10월에는 분립개척준비위원회를 구성하여, 설립 60주년을 맡은 2019년에 1호 분립개척사역을 시작하기로 하였습니다. 그리고 2019년 3월, 경산중앙교회의 사역 진군식 현장에서 정해진 내규에 따라 분립개척 교역자로 경산중앙교회 9년차 사역자인 이근준 목사를 임명하였습니다.

우리의 사역 목표가 분립개척이기에, 기존의 성도들이 옮겨가기 쉬우면서 선교적 필요가 있는 지역에 교회를 설립하려고 경산중앙교회에서 불과 5분 거리에 예배당을 마련했습니다. 교회 이름은 공모를 통해 '사랑담은교회'로 결정하

분립개척 1호 '사랑담은교회'를 세우는 데 헌금한 이들의 명판을
담임목사가 사랑담은교회 권형철 장로에게 전달하는 모습.

였습니다. 개척 과정에서 필요한 재원을 마련하기 위해 주일학교를 제외한 전 부서는 2019년 경상비의 10퍼센트를 삭감하는 희생에 동참하였습니다. 또한 성도들의 특별헌금까지 더해져 예배당을 마련할 수 있었습니다.

7월과 8월 두 달 동안 주일 오후에 전교인이 함께 '분립개척준비기도회'를 실시하였습니다. 경산중앙교회에서 4회, 사랑담은교회에서 4회, 총 8번의 분립개척 준비기도회로 마음을 모으고, 분립개척 신청자를 접수해 개척멤버를 모집하였습니다. 모집 과정에서 개척 담당 교역자는 철저하게 일선에서 물러나 있도록 하였습니다. 성도에게 함께 하자는 의미심장한 전화나 인사도 하지 못하도록 했고, 철저하게 분립개척준비위원들의 책임과 몫으로 돌렸습니다. 개척하는 교역자를 보호하고, 바람직하고 건강한 개척이 되기 위해서였습니다.

이렇게 모든 준비를 마치고, 드디어 2019년 9월 8일 설립 60주년 기념 및 파송예배를 드림으로 '사랑담은교회'를 출범시켰습니다. '지교회'가 아니라 '형제교회'로서, 독립된 지위를 가진 교회로서 출범한 것입니다.

경산중앙교회 성도는 정말 열심히 전도합니다. 목사가 보기에도 애처로울 정도로 열심히 전도하지요. 그건 열심이긴 하지만, 그러나 어쩌면 개교회 중심적 헌신일 수 있습니다. 이제는 건강한 교회들이 함께 손을 잡고 지역복음화를 위해 협력해야 할 시점이 되었습니다.

대구 경북은 더 많은 교회가 필요합니다. 왜냐하면 대구 경북의 복음화율은 7퍼센트에 불과하기 때문입니다. 거의 선교지에 준하는 비율이지요. 몇 년 전부터 서울의 모 교회가 우리 지역으로 여름에 단기선교팀을 파송하고 있을 정도입니다. 그러므로 우리 지역에 더 많은 교회가 필요한데, 그저 더 많은 교회가 아니라, 자생력을 가져 지역복음화를 함께 이루어나갈 건강한 교회가 필요합니다.

더욱이 이제는 교회개척을 개인이 하는 시대가 아닙니다. 예전에는 가슴이 뜨거운 성도 혹은 조금은 야심(?)이 있는 부교역자가 뜻있는 몇 명과 같이 하는 것으로 생각했습니다. 혹은 교회 안에 좀 연차가 높은 부교역자를 내보기는 해야 하겠는데, 그냥 보내기는 그렇고, 구색을 맞추는 방법으로 교회개척이라는 걸 해왔습니다. 그러다보니 개척의 순수성은 떨어지고, 개척에 대한 이미지가 가면 갈수록 나빠지는 추세입니다. 이제는 하나님의 공교회가 흩어지는 교회로서 또 다른 공교회를 탄생시키는 분립개척이 필요한 시대입니다. 개척의 정당성과 당위성을 인정받을 수 있는 분립개척을 해야 하는 것입니다.

경산중앙교회는 향후 지속적인 분립개척사역을 통해 흩어지는 교회로서 사역을 감당함으로써 명실상부한 지역복음화를 이루어가고자 합니다. 모이는 교회와 흩어지는 교회라는 두 바퀴가 균형을 이루어 교회의 건강성을 유지할 것입니다.

#모이는교회 #흩어지는교회 #분립개척 #교회개척 #지역복음화

Chapter 03

각자도생 시대에
세상을 섬기는 청년

'불금'에 쓰레기를 줍는 청년 공동체

 100년 전의 청년 선배들을 본받아

3.1운동 100주년을 맞이한 2019년에 개봉한 영화 '봉오동 전투'의 관객 수가 470만 명을 돌파했습니다. 영화의 등장 인물이 모두 실제는 아니지만, 관객은 조국의 독립을 위해 자신을 바친 선조들을 만나게 됩니다. 을사늑약을 통해 조국의 국권을 상실한 우리의 선조들은 나라를 되찾기 위한 노력을 쉬지 않았습니다. 그런데 더 놀라운 것은, 3.1운동과 대한민국 임시정부 수립의 역사적 현장에 있었던 선조들 대부

분이 청년이었다는 사실입니다. 그들에게는 개인의 삶보다 나라와 민족을 위한 대의가 우선이었기 때문이지요.

정확히 100년이 지난 현재는 어떠합니까? 작금의 청년들은 삶의 분위기가 사뭇 다릅니다. 대학가에는 거대 담론이 사라지고 있습니다. 나라와 민족을 위한 대의보다 개인의 미래를 준비하기 위한 스펙 쌓기에 몰두하는 분위기입니다. 물론 이러한 현상에 대해 청년들만 탓할 수 없습니다. 치열한 경쟁 사회에서 조금이라도 스펙을 쌓지 않으면 살아남을 수 없기에, 타인과 사회에 관심을 두기보다 오로지 자신의 삶에만 관심을 두도록 떠밀리기 때문입니다. 이른바 각자도생(各自圖生)의 삶을 강요받으며 살아가는 젊은이들을 보면 안쓰럽기까지 합니다. 참으로 슬픈 현실입니다.

이런 시대에 자신의 안위만 생각하지 않고 세상을 섬기기 위해 애쓰는 청년들이 있습니다. 바로 경산중앙교회의 청년들, 20대의 갈릴리와 30대의 샬롬 공동체이지요.

🌱 금요일 밤에 나타나는 '쓰줍 청년'

경산은 인구 25만 여 명의 중형 도시이지만 대학 캠퍼스가 무려 12개나 있습니다. 그 중 교회에서 가장 가까운 영남대학교 정문 앞에는 금요일 밤이 되면 이상한 무리가 모여듭니다. 일명 '쓰줍청년'(쓰레기를 줍는 청년들)입니다.

불금의 대학가에는 행인뿐 아니라 취객들로 가득합니다. 길거리에는 쓰레기와 구토의 흔적이 가득합니다. 그 더러운 곳을 바라보던 한 청년에게 안타까운 마음이 생겼습니다. 우리 교회 청년이었지요. 그는 아무 말 없이 홀로 쓰레기를 줍기 시작했습니다. 경산중앙교회의 청년들은 하나 둘씩 이 작은 운동에 동참하였고, 지금은 매주 금요일 밤마다 100명이 넘는 청년들이 정기적으로 쓰레기를 줍고 있습니다. 쓰레기 줍기(이하 '쓰줍')는 금요성령집회 후 밤 12시쯤부터 약 1시간 정도 진행됩니다. 쓰줍 청년들은 이렇게 외칩니다.

"우리는 쓰레기를 줍기만 하는 청소부가 아닙니다. 우리는 중보자입니다."

더러운 거리를 청소하지만 그들의 정체성은 그리스도인이요 세상을 품은 중보자인 것입니다. 세상과 소통하고 세상을 섬기는 경산중앙교회 청년들의 모습입니다. 이렇게 외치는 청년들의 눈가에는 이슬이 맺힙니다. 쓰줍을 하다보면 상인들이 나와서 고맙다며 음료수를 쥐어주기고 하고, 길을 지나는 사람이 맛있는 거 사먹으라고 용돈을 주기도 합니다.

안타까운 일이지만, 매년 6월이 되면 대구 동성로에는 '퀴어축제'(동성애 행사)가 벌어집니다. 동성애를 옹호하는 무리들이 창조 질서를 역행하는 목소리를 높이고 음란을 조장하지만, 경산중앙교회 청년들은 6월이 호국보훈의 달이기에 더욱 조국 대한민국을 위해 기도합니다. 더 나아가, 퀴어축제에 대해 침묵하지 않고 '동성애는 죄'라고 당당하게 말합니다. 진정한 축제는 하나님을 찬양하는 것임을 알리기 위해, 그 자리를 지키며 하나님을 찬양합니다. 2019년 6월의 행사 현장에는 참 많은 비가 내렸습니다. 그럼에도 불구하고 청년들은 하나님을 찬양하고 연주하며 예수 그리스도가 주님 되심을 몸으로 증거했습니다. 세상을 향한 기독 청년들의 몸짓이었지요.

금요일 밤, 거리의 쓰레기를 줍는 갈릴리 청년.
한 청년의 손에 시민이 선물한 듯한 '격려 간식'이 있습니다.

경산중앙교회의 청년들은 장애인 시설을 매월 방문하고 여름에는 성경학교를 개최합니다. 2박 3일간 장애인들과 같이 먹고 예배를 드리며 성경학교를 진행하는데, 기도회 시간에 장애인 한 사람 한 사람을 끌어안고 기도하는 청년들의 모습을 보면 그야말로 감동 그 자체입니다. 또한 여름에는 '위대한 여정'이라는 이름으로 전국의 선교지를 섬깁니다. 부산 기장의 한 교회를 4년째 방문하여 여름성경학교를 진행했고, 그 외의 교회들을 필요에 따라 섬기고 있습니다.

또한 조국의 암담한 미래 앞에서 자신에게만 시선을 집중하지 않고, 조국을 위해 헌신의 삶을 살아낸 선진들을 방문하는 시간을 가졌습니다. 7월에는 중국 대련에서 100년 전 조국의 독립을 위해 싸운 한 청년과 마주했습니다. 여순감옥과 관동법원에서 일본과 당당히 맞섰던 안중근 의사의 유적을 찾아간 것입니다. 이토 히로부미를 저격할 때 안중근의 나이는 만 30세였고, 사형 집행이 이루어질 때는 만 31세였습니다. 8월에는 네덜란드 헤이그를 방문하여, 아무도 들어주지 않았지만 조선이 자주국임을 외친 한 청년을 만났습니

동성애 반대운동에 참여해 거리 공연을 펼쳤습니다.

갈릴리 청년공동체의 '위대한 여정' 팀이
안중근 의사가 재판을 받은 관동법원을 방문해
진지한 표정으로 역사 강의를 들었습니다.

다. 이준과 이상설을 도와 고종의 밀사로 갔던 이위종이었습니다. 당시 그의 나이는 22세에 불과했습니다. 경산중앙교회 청년들은 그런 분들을 만나고 지금의 대한민국이 그들의 땀과 피 위에 세워졌음을 기억하면서, 그 분들처럼 살아갈 것을 다짐하였습니다.

세상이 암울하다고 하지만 청년에게는 무궁무진한 잠재력이 있습니다. 작은 불이 큰 산을 태우듯 청년은 시대의 불씨가 될 수 있습니다. 청년들이 주를 향한 믿음과 성경적인 가치로 무장된다면, 그들은 세상을 향해 사명자로 나아갈 것입니다. 좁게는 매일매일 삶의 현장에서부터 지역과 세계를 향해 나아갈 것이지요. 교회는 앞서서 이런 청년들에게 방향을 제시하고, 함께 그 길을 걸어갑니다.

교회가 만약 청년들에게 분명한 가치와 사명만 깨닫게 해준다면, 그들은 오로지 자신만을 위해 살아가는 이 시대를 본받지 않고, 나를 뛰어넘어 서로를 섬기고 세상을 섬기는 사람으로 살아갈 수 있습니다. 그들을 통해 세상은 반드시 변혁될 것입니다.

#청년 #봉사 #청년공동체 #가치 #사명 #세상변혁

Chapter 04

"엄마! 얼른 일어나 특새 가요!"

부모의 기도를 먹고 자라는 아이들

🌿 자녀에게 줄 수 있는 최고의 선물

'골드 키즈'(Gold Kids)라는 말을 들어보았습니까? 외동으로 태어나 왕자나 공주처럼 대접받는 아이들을 뜻하는 신조어입니다. 저출산·고령화 시대에 한 자녀 가정이 늘어나고, 하나뿐인 자녀를 최고로 키우려는 부모가 늘어나면서 생겨난 용어이지요. 과거 강력한 산아제한 정책이 펼쳐진 중국에서 '소황제 신드롬'(왕자나 공주처럼 애지중지 키우는 외동아이로 인한 사회 문제)이 나타난 것과 비슷합니다. 골드 키즈의 부모는 자녀에게 지출을 아끼지 않고, 자녀가 원하는 것을 최고로 해준다고 합니다.

그렇다면 신앙을 가진 부모가 자녀에게 해줄 수 있는 최고의 선물은 무엇일까요? 저는 신앙의 유산이라고 자신 있게 말하고 싶습니다. 그 유산은 자녀의 믿음을 위해, 자녀를 위해 기도하고 자녀와 함께 기도하는 부모의 노력과 헌신을 통해 전달됩니다. 부모보다 더 큰 믿음의 자녀로 키울 수 있다면, 그것이 자녀를 향한 가장 큰 축복이라고 생각합니다.

일반적으로 신앙은 부모세대로부터 자녀에게로 계승됩니다. 몇 대째 신앙생활을 하는 믿음의 명문가문도 있습니다. 그러나 현시대는 믿음의 명문가정을 세우기가 쉽지 않습니다. 어느 집이나 자녀의 신앙교육이 매우 어려운 문제가 되었습니다. 매 주일마다 자녀는 교회에 가지 않겠다고 버티고, 부모는 어떻게든 데려가려고 웃지못할 씨름이 벌어지기도 합니다. 그런데 그런 골드 키즈가 무려 새벽 4시에 부모보다 먼저 일어나 특별새벽부흥회(이하 특새)에 가자고 성화라니 상상이 되십니까? 특새에 가려고 저녁 7시면 잠자리에 들고, 알람 소리를 듣지 못해 '특새 전출'(특새기간 전체 출석)에 실패한 것 때문에 대성통곡을 하는 아이들이 있다면 믿으실

새벽 5시에 드리는 예배의 맨 앞자리에
엄마와 함께 앉은 어린이들이
말똥말똥한 눈빛으로 찬양하고 있습니다.

수 있겠습니까? 그런 교회가 바로 경산중앙교회입니다.

아이들이 특새에 더 열심인 교회

2009년부터 시작된 경산중앙교회의 특새에는 폭포수처럼 부으시는 하나님의 은혜가 있습니다. 눈물과 감격의 은혜뿐 아니라 따뜻함과 즐거움과 풍성함이 있지요. 11년째를 맞는 2019년의 특새는 어떠했을까요? 봄 특새는 '내 교회를 세우리니'라는 주제에 맞게 교회의 주인 되신 하나님을 소망하는 마음으로 시작되었습니다.

매년 두 차례 진행되는 특새에는 6,700명 성도 가운데 3,000명 이상이 참여하는 진풍경이 연출됩니다. 새벽에 운동 나온 분이 경산중앙교회가 위치한 남천 강변에 새벽부터 늘어선 차량행렬을 보고, 뭘 하는지 궁금해서 특새에 와봤다는 이야기도 있습니다. 게다가 참석하는 3,000여 명의 성도 중 상당수는 주일학교 아이들입니다.

갓난아이를 들쳐 업고 나오는 부모들은 쌀쌀한 새벽 날씨에 행여 감기 들까 우려해 담요를 뒤집어쓰고, 중무장한 채

부모를 '이끌고' 오는 아이들도 많습니다. 어떻게 이런 일이 가능할까요? 성도들은, 심지어 아이들까지 왜 이처럼 특새에 열심을 내는 것일까요?

김종원 담임목사가 10년 넘게 성도들과 함께 드리는 기도가 있습니다. 그것은 "본당에 들어서기만 해도 은혜를 받게 하소서"입니다. 성도가 드리는 모든 예배에 감격이 있지만, 날이 밝기도 전에 눈을 비비며 먼저 교회에 와서 예배를 준비하는 콰이어를 비롯하여, 주차위원, 안내위원, 식당봉사자, 그리고 미리 와서 기도로 준비하는 성도들을 보는 것만으로도 은혜가 됩니다. 말 그대로 본당에 들어서자마자 눈물이 나는 특별한 은혜가 있습니다. 그래서 성도들은 특별히 준비된 강사 목사님의 말씀을 받아먹기 전에 이미 특별한 은혜로 충만해집니다. 새벽에 펼쳐지는 말씀의 잔치에는 눈물과 웃음이 공존합니다.

공식 예배를 마치면 성도들은 직장과 학교로, 각자 삶의 현장으로 가지만, 한편에는 이어지는 후(後)집회로 새로운 은혜의 시간이 시작됩니다. 요일별로 강단 초청 대상자들이 있는데, 특새 첫날은 항상 주일학교 학생과 학부모들이 그 주인공이 됩니다. 학생들이 강단 위에 올라오면, 다음세대인

그들에게 믿음의 복, 지혜의 복을 달라고 담임목사와 교역자, 부모들이 마음을 모아 기도하는 시간을 가집니다.

부모가 자녀에게 안수하며 기도하는 것이 처음부터 자연스럽지는 않았습니다. 부모가 해보지 않았기에 부모와 자녀 모두 어색해 했지요. 자녀의 머리 위에 손을 얹기도 하고 자녀를 품에 안기도 하지만, 뿌리치는 자녀도 있고 약간은 놀란 눈으로 쳐다보기도 합니다. 아예 부모를 구경하는 자녀도 있었습니다. 평소와 다른 부모의 모습이 생경해서 그랬을 테지요. 그러나 10여 년 동안 강단기도가 진행되고 나니, 이제는 자녀들이 강단기도에 가야 한다며 먼저 앞으로 나가고 부모가 그 아이들을 따라가는 모습을 보게 됩니다.

부모가 매일 자녀들의 머리에 손을 얹고 꼭 안아주며 기도해주면 좋겠지만 일상이 바쁜지라 쉽지 않은 게 우리의 현실이기에, 이 시간에는 특히 간절해집니다. 부모들은 이 '후 집회' 시간만큼은 온 힘을 다해 기업으로 주신 자녀를 위한 기도를 올려드립니다.

부모의 기도 시간 이후에는 자연스럽게 부서 사역자들 앞으로 긴 줄이 만들어집니다. 담당 교역자의 기도를 받기 위해 부모와 자녀가 손을 꼭 잡고 길게 줄을 서서 기다리는 모습 또한 보기 정겹습니다. 이렇게 경산중앙교회에는 부모에게 받는 기도와 교역자에게 받는 기도를 익숙해 하고, 스스로 요청하는 것이 자연스러워졌습니다. 더 나아가, 각 가정에서도 자녀들이 부모에게 머리를 내밀며 기도해달라고 요청하게 되었습니다.

 ## '특새'가 '일새' 되기를

특새 기간 동안에는 본당에 퍼지는 찬양소리와 기도소리 때문에 들어서기만 해도 은혜와 감동이 넘치게 됩니다. 개인을 위한 기도, 부서를 위한 기도, 교회를 위한 기도, 선교를 위한 기도, 나라와 민족을 위한 기도로 일주일 동안 전교인이 기도의 분량을 차고 넘치도록 채우기 때문입니다. 기도만이 우리의 살 길이라는 것을 절실히 깨닫기 때문에 일어나는 현상입니다.

특새 기간 동안 경산중앙교회에는 실제로 하루 종일, 낮과 저녁에도 기도 소리가 끊이지 않습니다. 오전 9시부터 저녁 9시까지 전교인이 릴레이로 중보기도를 하기 때문입니다.

자녀를 안고서 간절히 기도하는 어머니의 눈물.
아이는 부모의 기도를 먹고 자랍니다.

특새 첫날, 어린이와 부모들은
담임목사와 교역자들의 축복 안수기도를 받으려고
무대를 가득 채웁니다.

집에서도 기도할 수 있지만, 이 기간만큼은 교회에 나와 기
도의 불을 꺼트리지 않는 것입니다. 이른바 기도의 어머니들
이 총출동하는 시간입니다. 특새 기간의 또 다른 은혜의 현
장인 셈이지요.

특새의 시즌이 돌아올 때마다 우리 교회 성도들에게는

"이번 특새에는 어떤 은혜를 부어주실까?"라는 기대와 바람이 있습니다. 특새를 통해 자신을 위해 기도하고, 자녀를 위해 기도하고, 교회와 지역과 나라를 위해 기도할 것입니다.

이 나라와 민족의 문제를 누가 해결할 수 있을까요? 정치, 경제, 안보, 외교, 민생 등 모든 문제의 해답은 예수 그리스도이십니다. 그래서 우리는 더욱 기도할 것입니다.

부모의 기도를 먹고 자란 자녀들에게는 소망이 있습니다. 이 나라를 향한 중보의 기도가 쌓인다면 다음세대가 이끌어 갈 우리나라에도 소망이 있음을 저는 믿습니다. 이른 새벽을 깨운, 영과 육이 충만한 경산중앙교회 성도들이 오늘도 세상을 향해, 더 강한 복음의 말씀 가운데 삶의 현장 곳곳에 가득히 퍼져 나가길 소망하며, 특새가 일새(날새 : 날마다 새벽기도)가 되기를 기대합니다.

#특새 #특별새벽부흥회 #자녀축복기도 #중보기도

부모보다 아이들이
더 사모하는 시간,
목사님의 축복기도를 받는
이 시간을 위해
긴 줄 서기도 마다 않습니다.

Chapter 05

3대가 함께 하는
특새 아침 밥상

눈물, 재미, 의미가 있는 특새 프로그램

🌿 문화적 코드를 공유하는 특새

KBS '개그콘서트'에 2012년부터 수개월 간 인기리에 방영
된 '어르신'이라는 코너가 있었습니다. 경상도의 어느 마을
에서 시골을 떠나려는 동네 청년에게 어르신이 시골의 좋은
점을 얘기하는 내용입니다. 이 코너에서 생긴 유행어가 있지
요. 바로 "소고기 사 묵겠지"입니다.

처음에는 "○○(좋은 직장, 결혼 등), 그거 다아 필요 없는
기라"는 대사로 운을 뗍니다. 그런 다음 "돈 많이 벌면 뭐 하

겠노? 기분 좋타코(좋다고) 소고기 사 묵겠지(사 먹겠지). 소고기 사 묵으면 뭐 하겠노? 힘나서 일 열심히 하겠지. 일 열심히 하면 뭐 하겠노? 돈 많이 벌겠지. 돈 많이 벌면 뭐 하겠노? 기분 좋타코 소고기 사 묵겠지. 소고기 사 묵으면 뭐 하겠노? 힘이 나서 일 열심히 하겠지. 일 열심히 하면 뭐 하겠노? 돈 많이 벌겠지…."

이런 식으로 같은 대사가 무한(?) 반복되는 겁니다. 그저 모든 것을 소고기로만 결론짓는 어르신을 보다가 지친 주변 사람들이 소고기 이야기를 참다못해 괴로워하는 장면으로 끝나는 코미디였습니다.

경산중앙교회에는 바로 이 '소고기'로 만든 국을 함께 먹는 문화가 있습니다. 특별새벽부흥회에 오면 소고기국을 먹을 수 있는 것입니다. 일가족은 물론 3대가 함께 하는 아침 밥상이 경산중앙교회의 특새에서는 가능한 일입니다. 첫날 메뉴는 10년 동안 소고기국으로 항상 같았습니다.

월요일 새벽, 김종원 담임목사가 광고시간에 "오늘 아침 메뉴는 뭘까요?"라고 성도들에게 묻습니다. 그러면 성도들은 다같이 "소고기국이요!"라고 답합니다. 제가 다시 묻습니다.

"소고기국은 누가 섬길까요?"

성도들이 다시 대답합니다.

"담임목사님이요!"

경산중앙교회의 성도들에게는 담임목사가 내는 소고기국을 먹는 즐거움이 있습니다. 서울식처럼 고춧가루 없는 맑은 소고기무국이 아니라 경상도식으로 얼큰하게 끓인 빨간 소고기국입니다. 이 국을 모든 성도들이 함께 먹는 것이 특새 첫날의 문화가 된 것입니다. 출근을 서두르느라 이 소고기국을 못 드시고 가는 분들을 빼도 보통 2천 명이 아침 식사를 같이 드시게 됩니다. 이 비용을 담임목사가 낸다니 더 감동하시고 맛있게 드시는 것 같습니다.

그런데 알고 보니 전혀 상상하지 못한 측면에서 특새의 아침식사를 기대하는 이들도 생겼습니다. 다름 아닌 어린 자녀들입니다. 햄버거나 좋아할 것 같은 아이들이 부모와 함께 먹는 소고기국을 기다린다니 이상하고 신기하지요? 그런데 부모와 함께 먹는다는 바로 그 이유 때문에 특새의 아침, 특히 담임목사가 첫날에 제공하는 소고기국을 아이들이 기다린다는 사실을 나중에 알게 됐습니다.

요즘 어린이들의 부모는 대개 맞벌이를 합니다. 외벌이라 하더라도 아침식사를 온 가족이 같이 먹는 일은 거의 없습니다. 잘해야 주말 한번 정도겠지요. 하지만 특새에 부모와 함께 오면 아버지 어머니는 물론, 경우에 따라선 할아버지 할머니와 더불어 3대가 아침식사를 같이 할 수도 있습니다. 아이들이 이걸 너무나 좋아하는 겁니다. 1년 내내 아버지와 아침식사를 해본 일이 없는데, 교회에서 특새를 마친 다음 온 가족이 같이 식사를 하며 대화도 하니 좋을 수밖에 없는 가 봅니다. 게다가 첫날 아침은 담임목사가 낸다고 하니, 아이들은 특새 첫날부터 먼저 일어나 "목사님이 섬기는 소고기국 먹으러 가자"고 부모를 깨우기도 한답니다.

 '특새 콰이어'와 '갈릴리 포차'

경산중앙교회의 특새에는 소고기국 말고도 은혜와 더불어 누리는 문화적 요소가 더 있습니다. '특새 콰이어', '강사와의 만남', '특새포차', '특새동판' 등입니다.

특새 콰이어는 특새 기간에 연령을 초월해 구성되는 특별한 찬양대입니다. 특새 첫날 새벽, 하나둘 이른 시각부터 본당을 채우는 성도들과 손에 인형을 들고 온 유아와 초등부부터 장년에 이르기까지, 연령을 뛰어 넘어 구성된 특새 콰이어(합창단)가 빨강 파랑 초록색 옷을 입고 함께 드리는 뜨거운 찬양은 성도들의 마음을 하나님께 집중시키기에 충분합니다. '응답하라 2019'라는 주제로 진행된 가을 특새를 섬긴 콰이어는 350여 명에 달했고, 그 중 100여 명은 주일학교 학생들이었습니다.

성도들이 왜 특새에서 기존 찬양대가 아닌 '임시 콰이어'에 관심을 기울일까요? 무대에 설 수 있는 특새 콰이어의 특권이자 키워드는 응답, 선(先)은혜, 최전선, 전출 보장이기 때문입니다. 하나님의 부르심에 응답하는 믿음의 자리이고, 담임목사와 함께하는 사전 연습부터 남다른 은혜가 있는 자리인 것입니다. 일반 좌석에서 드리는 예배와 달리 적극적으로 참여하는 예배의 최전선이며, 콰이어 참여 때문이라도 책임 있게 새벽을 깨우게 되는 자리입니다. 그래서 한 번이라도 특새 콰이어의 은혜를 경험한 성도는 이 자리의 의미를 잘 압니다.

특새 첫날의 특송은 주일학교 아이들과 교사들의 몫입니다. 손과 발의 율동과 더불어 은혜가 넘치는 찬양의 고백을 올리려 애쓰는 모습은 자연스럽게 미소를 자아내게 만들지요. 성도들은 비록 잠시이지만, 특새에서 정말로 뜨거운 눈물의 기도를 드리면 마치 사우나에 다녀온 것 같은 느낌까지 받는다고 합니다.

영의 양식으로 충만해진 성도들이 이제 식당에서 십시일반 후원으로 마련한 맛있는 소고기국과 반찬으로 따뜻한 아침밥을 먹게 되는 것입니다. 식당을 섬기는 봉사부원들은 2000명분의 식사를 위해 일주일 동안 합숙도 마다하지 않고 어머니가 해주시는 것 같은 밥을 준비하지요.

특새의 소고기국을 기다리는 어린이들의 바람에서 알 수 있듯이, 요즘은 함께 먹는 아침식사가 얼마나 귀한 시대입니까? 온 가족이 함께 식사를 하면서 육의 양식까지 가득 채우는 기쁨이 충만해집니다.

식당 밖에는 포차(포장마차)가 준비됩니다. 주로 청년부의 여름사역 후원을 목적으로 하는 '갈릴리 포차'에는 많은 분량의 어묵과 염통꼬치가 준비되는데, 소고기국을 먹고 나온 성도들이 모여들면 금세 '완판'되고 맙니다. 소고기국을 먹고도 매일 어묵 꼬치를 20개씩 먹은 아이가 있다는 전설 같은 이야기도 있습니다. 교인들은 후식처럼 어묵 꼬치를 한 개씩 들고 삼삼오오 교회를 빠져나가곤 합니다.

특새를 마치고 집으로 돌아가는 일가족이
어묵이 주는 따뜻한 기쁨을 만끽하고 있습니다.

신앙의 세대 계승을 위하여

특새에는 보통 두세 명의 목사님들이 강사로 섬깁니다. 3인
3색이라고, 오시는 분마다 각각 다른 은혜를 전해주십니다.
아침식사를 마치면 교회 카페 로뎀에서 특새 강사와의 만남
이 준비됩니다. 멀리 강단에서만 보던 강사를 가까이서 뵙
고, 질문하고, 함께 사진도 찍을 수 있는 기회입니다. 부족한

특새의 문화가 되어버린 청년들의 '포차'.
판매 수익금은 선교와
불우이웃을 돕는 데 사용됩니다.

특새 시간 때문에 다 하지 못한 강사님의 이야기를 듣고, 성도들이 궁금해 하는 이야기보따리들이 잔뜩 펼쳐지지요. 편하고 인간적인 강사의 모습을 가까이서 보면서 더 큰 은혜를 누리게 됩니다.

특새의 모든 말씀 잔치가 끝나면 하루도 빠지지 않고 참석한 성도들을 위한 선물이 준비돼 있습니다. 2014년부터는 봄 특새의 '전출' 선물로 두 가지를 준비하고 있습니다. 어른들에게는 '특새동판'을 제공하고 주일학교 어린이에겐 다른 선물을 준비하는데, 예상보다 많은 아이들이 어른이 받는 특새동판을 받기 원합니다. 성도들의 가정에 해마다 받는 특새동판이 거실 중앙에 쌓여가는 즐거움이 있기 때문 같습니다. 심지어 특새동판을 신앙의 가보로 여기게 된다는 성도들의 이야기를 많이 들었습니다. 그래서 2019 봄 특새부터는 특새 동판 일곱 개를 모아온 성도들에게 특새 기념 액자를 만들어주기 시작하였습니다. 이 기념 액자가 가보가 되기도 하겠지만, 결혼을 앞둔 청년에게는 최고의 영적 혼수로, 그들의 부모들에게는 사위 또는 며느리 후보로서 최고의 신앙 증표로 불리게 됐다고 합니다.

하나님이 길갈에 기념비를 세워 하나님이 행하신 일을 다음세대에 가르치라고 하셨듯이, 이 특새 기념 액자가 후세대를 교육하는 교재로 사용되기를 소망합니다. 신앙의 세대계승이 특새 기념비를 통해 일어나기를 소망합니다. 특새 기념 액자를 통해 후세대에게 특새를 통해 받은 은혜를 나누고, 하나님과 그가 행하신 일을 가르치는 좋은 기회가 될 것입니다.

저는 목회자로서, 신앙생활에는 눈물도 있어야 하지만 재미와 의미가 많으면 좋겠다고 생각합니다. 교회 안에 그리스도인끼리 함께 누릴 수 있는 신앙적인 문화 요소가 많을수록 좋기 때문입니다. 경산중앙교회의 성도들은 특새를 통해 이러한 문화적 코드를 공유하며 날마다 행복한 성도로서 살아갑니다.

#3대가함께하는예배 #특새소고기국 #특새콰이어 #특새포차 #특새동판

Chapter 06

"교회 안 올래?
그럼 목사님이 찾아갈게!"

찾아가는 '굿모닝 사역', '목셔틀', '하이킥'

🌿 찾아가기보다 찾아와주기를 바라는 시대

'배달업 춘추전국시대'를 살아가는 현대인들은 배달업이 주
는 편의를 마음껏 누리고 있습니다. 소비자가 업체를 직접
방문하여 물건을 맡기거나 요청하는 이전의 방식에서, 전화
나 애플리케이션을 통해 서비스 제공자가 직접 찾아와 수거
해 배달하는 방식으로 변화되고 발전되었습니다. 우유와 신
문 같은 특정 업종과 물품의 전유물이었던 '찾아가는 배달
서비스'가 이제는 자동차, 반찬, 도서, 금융, 민원처리와 같은

다양한 업종으로 확대되고 있습니다. 이는 이 시대의 소비자들이 '찾아가기'보다 '찾아와주기'를 더 선호한다는 것을 보여주며, 판매자 입장에서는 더 이상 소비자가 '찾아와주길 바라는' 전략은 성공할 수 없는 시대임을 방증하는 셈입니다. 그렇게 '찾아가는 서비스'가 확대되는 시대에, 경산중앙교회 교회학교는 직접 학교로 찾아가는 '굿모닝 사역'으로 학생들과 소통하고 있습니다.

굿모닝 사역은 아이들의 눈높이로 아이들의 영혼을 바라보고 싶었던 사역자들의 마음에서 시작되었습니다. 보통의 어른들은 아이들을 볼 때 "공부할 때가 가장 편하다", "지금이 좋을 때다", "아직 어린데 뭘 알겠느냐?"라고 생각합니다. 그러나 경산중앙교회의 교회학교 사역자들은 다음세대를 '하나같이 힘들고 바쁜 세대, 그래서 각별한 도움과 위로가 필요한 세대'라고 생각합니다. 그래서 학업으로 힘들다고 교회에 오지 않는 아이들, 늦잠을 자서 교회에 오지 못한 아이들에게 타박을 주기보다 "얼마나 힘들면 그러겠느냐"는 말부터 건넵니다.

학교를 방문한 전학년부 사역자

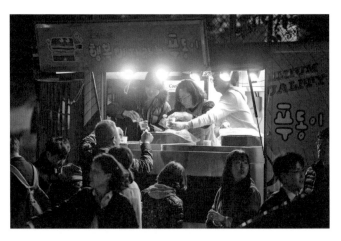

푸드트럭을 동원한 심방 현장

교회가 위치한 경산과 대구 지역은 학구열이 매우 높습니다. 그래서 대부분의 아이들은 주일 외에 훈련이나 교제를 위한 시간을 내기 어렵습니다. 특히 중·고등학생들과 평일에 만나거나 연락하기란 불가능에 가깝고, 겨우 주일예배 후에 눈인사로 만족해야 할 때가 의외로 많습니다. 심한 경우, 주일예배까지 학원 수업과 경쟁해야 하는 상황을 만나기도 합니다.

이런 목회 상황은 비단 경산이나 대구만의 문제는 아닐 것입니다만, 이 부분에 대해 경산중앙교회 교회학교 사역자들은 기도하며 고민했습니다. 그 결과로 '찾아가는 서비스'인 '굿모닝 사역'이 시작된 것입니다. 아이들을 교회에서 만나기 어렵고 깊은 대화가 어렵다면, 찾아가서라도 만나겠다는 의지가 담긴 일종의 심방이라고 할 수 있습니다.

'굿모닝 사역'은 특히 매학기 초 두 달여 동안 매일 아침 등교시간에 학교로 찾아가 아이들을 만나는 사역입니다. 이 사역은 초등부서(유년부, 초등부, 소년부, 전학년부)와 청소년부서(중등부, 고등부)를 대상으로 진행됩니다. 주보에 일주일 동안 방문할 학교를 부서별, 요일별로 공지한 후, 교역자들은 교사들과 함께, 때로는 혼자 학교를 방문하여 아이들을 만나 교제를 나눈 후 기도로 축복해주고, 다시 파송하는 심정으로 학교로 들여보냅니다. 아이들은 담당교역자가 간식을 들고 학교까지 자신들을 만나러 왔다는 반가움에 "전도사님! 목사님!"을 부르며 달려와 안기곤 합니다.

고등부는 일명 '목셔틀'(목사 셔틀)이라는 이름으로 등굣길에 짧지만 깊은 대화를 나누는 시간을 확보하고 있습니다. 목사님이 평소 소통하기 어려운 학생이나 사전에 '셔틀'(차 태워주기)을 요청한 학생을 찾아가, 등교시간에 학생의 집 앞에서 학교까지 데려다주는 방식입니다. 이렇게 함으로써 학생 한 사람 한 사람과 일일이 교제하게 됩니다. 아이들이 좋아할만한 간식이나 요기할 거리를 가방에 넣어주는 소소한 감동 전달은 기본이지요.

또한 경산중앙교회에는 일명 '하이킥'이라고 불리는, 학원선교를 중점적으로 하는 고등2부가 있습니다. 이 부서는 매주 다섯 개의 고등학교를 방문하여 '하이킥 자율동아리' 예배를 인도하고 있습니다. 이를 위해 네 명의 교역자와 다수의 평신도 교사들이 헌신하고 있습니다.

학교 예배마다 적게는 20여 명에서 많게는 170여 명까지 모이는 것을 감안하면, '하이킥'이 매주 학교에서 만나는 학생들의 수는 상당합니다. 이 동아리는 학교에서 공식으로 허락한 모임입니다. 따라서 경산중앙교회 고등부에 속한 학생뿐 아니라 예수님을 알지 못하는 학생들도 상당수 이 예배에 참여합니다. 지역 청소년들에게 그리스도를 전하는 중요한 통로가 되고 있는 것이지요.

보통은 점심 이후에 진행되기에 예배 시간은 짧지만, 그저 간식에 관심을 두고 왔던 아이들이 서서히 기도하기 시작합니다. 교사나 교역자들과 친밀해지면서 평일에도 학교 바깥에서, 하교 후에 식사 교제로 이어지는 경우도 많습니다. 나아가 고등부의 전도집회인 '행복한 사람들의 축제'에 초청받아 등록하고 신앙생활로 이어지는 경우도 많습니다.

처음엔 소소한 기도모임으로 시작된 학교 방문 예배인 하이킥 사역이 어느덧 12년째가 되었고, 대상도 '우리 교회 학생'에서 '하나님께서 만나게 해주시는 모든 영혼'으로 확대되었습니다. 이제 하이킥 부서는 크리스천 학생 외에도 지역의 모든 고등학교와 청소년을 섬기는 것을 사명으로 여기며 사역하고 있습니다.

이에서 더 나아가, 경산중앙교회는 2012년부터 매년 지역의 고등학생들을 대상으로 문화사역을 진행하고 있습니다. 첫 해에는 '하이킥 스타'라는 대회를 열어 72개 팀 200여 명의 신청자들이 1,000명의 관객 앞에서 다양한 끼를 선보였습니다. 2013년부터는 '하이킥 풋살대회'를 개최하여 매년 경산, 대구, 청도 지역의 20여 개 팀 200여 명의 학생들이 참가하고 있습니다. 이 시간에 학생들이 잠시나마 공부 스트레스로부터 해소되길 소망하는 마음으로 매년 대회를 연 것입니다. 이제는 널리 홍보하지 않아도 아이들이 교회로 먼저 연락하여 대회 일정을 묻고 알아서 접수할 만큼 지역 내에서 입지가 상당해졌습니다.

이처럼 '찾아가는 서비스'로 적극적인 심방과 전도 사역을 하고 있는 경산중앙교회의 교회학교는 "주일학교가 어렵다", "갈수록 다음세대가 힘을 잃어간다"고 평가받는 시대에도 불구하고, 최근 10여 년간 꾸준히 부흥하여 매주 1,500여 명의 주일학교 학생들이 예배의 자리에 나오고 있습니다.

출산율 저하로 인한 자연적 인구감소에 따라 주일학교가

대회

오전 **9**시 - 오후 **3**시

참가자격 경산, 시지, 청도지역의 교회 재학생 / 팀당 6명 이상 필수
상   금 1등 50만원 / 2등 30만원 / 3등 20만원
접수방법 www.happymaker.in.kr 공지사항에서 신청서 다운로드
이 메 일 vision5050@hanmail.net로 접수
참 가 비 각 팀당 2만원
접수기간 9월 22일(일)~10월 19일(토) 선착순 마감 (총 18팀)
문   의 010-9666-1719

앞
490

아직 교회 다니지 않는 청소년도 적극적으로 참여해
전도의 기회가 되는 '하이킥 풋살대회'

줄어들고 있는 것이 사실입니다. 그러나 절대적인 인구수의 감소가 다음세대의 자연적 축소를 의미하지는 않습니다. 교회 바깥에는 여전히 복음이 필요한 아이들이 즐비하기 때문입니다.

이 시대의 교회학교 상황은 "물 들어올 때 노 저어라"는 말과 정반대의 상황일지도 모릅니다. 그렇다고 물이 들어올 때까지 마냥 기다리기만 할 것입니까? 이렇게 외쳐보는 건 어떨까요?

"물 빠졌으면 물로 나아가서 노 저어라!"

#청소년 #찾아가기 #굿모닝사역 #목사셔틀 #하이킥

Chapter 07

기승전 '영혼구원',
일년내내 전도 집중

봄가을 행축, 연간 두 번의 전도축제

 모든 사역의 결론은 전도

'기승전 치킨', '기승전 유튜브', '기승전 국산화' 같은 말을 들어보았을 것입니다. 시작, 전개, 전환이 어떻게 되든지 간에 결론은 항상 같다는 뜻입니다. 아직도 전도가 되느냐고 반문하는 사람들이 많은 이 시대에 경산중앙교회는 여전히 잃어버린 양을 찾으시는 예수님의 심정을 가지고, 모든 사역의 결론으로 영혼 구원에 온 힘을 다하고 있습니다.

경산중앙교회는 해마다 봄과 가을, 두 번 여는 '행복한 사람들의 축제'(이하 행축)를 통해 '기승전 영혼구원'을 향해 달려가는 교회입니다. 경산중앙교회의 전도는 행축이라는 이름으로 1년에 두 번 진행되는데, 봄 행축은 전교회적인 대그룹 전도축제이고, 가을 행축은 소그룹(구역)을 통한 전도로 진행됩니다.

상반기의 대그룹 전도축제인 봄 행축은 6월에 진행되지만, 준비는 1월부터 시작됩니다. 아래의 도표와 같이 봄 행축을 위한 사역으로 교구별 대심방, 총동원령 및 교구별 예배, 진군식, 태신자 작정, 전도와 영적 전쟁 집회, 행복 매뉴얼, 특별새벽부흥회가 있습니다.

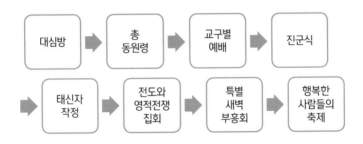

1월부터 진행되는 교구별 대심방은 구역 식구들을 돌아보고 기도제목을 나누며 양육 훈련 신청의 자리로 이끌기도

행복한 사람들의 축제에 초대된 분이 작성한
새가족 환영카드.

하지만, 대심방의 핵심은 성도가 태신자를 발굴하고 품을 수 있도록 독려하여, 사역자와 더불어 태신자와 영혼 구원의 라포(rapport:친밀한 관계)를 형성하게 하는 것이 핵심입니다.

3월 중순에는 모든 성도가 전도에 온 힘을 다하여 진력할 것을 선언하는 총동원령이 예배 시간에 내려집니다. 교구별로는 수요예배 및 금요성령집회에 참여하여, 전 교인이 영혼 구원에 집중하기 위한 영적 분위기를 조성합니다.

3월 말에 진행되는 진군식은 교회 전체의 축제입니다. 교구별, 부서별로 전도 목표를 세우고, 사기를 끌어올리는 공동체적 결단의 시간이기도 합니다.

진군식이 끝나면 모든 성도는 예배 시간에 태신자를 작정합니다. 이때 많은 성도가 태신자 작정에 참여하고, 각 성도는 태신자를 여러 명씩 많이 작정합니다. 태신자 작정의 수가 행축 방문과 결신, 등록, 정착의 수와 비례하기 때문이지요. 경산중앙교회는 태신자를 작정하는 성도의 비율이 80퍼센트가 넘습니다. 어떤 이는 "공(公)예배 시간에 작정률이 80퍼센트가 넘는 조직은 세상에 공산당과 경산중앙교회뿐일 것"이라며 농담처럼 말하기도 합니다.

4월에는 평소에 드리는 금요성령집회를 '전도와 영적 전쟁 집회'로 명하여 전도에 초점을 맞춘 집회를 엽니다. 이를 통해 성도들은 태신자를 작정한 후 전도에 집중하는 영적 분위기를 느끼고, 기도에 전력을 다합니다.

사실 전도는 말처럼 쉽지 않습니다. 그래서 경산중앙교회는 성도들이 행축 때까지 태신자를 마음에 품고 그들을 초청하기 위한 단계적인 '전도와 섬김을 위한 힌트'를 '행축 매뉴얼'에 담아 제공합니다. 이 매뉴얼은 태신자 작정 후부터 행축 전까지 몇 주에 걸쳐 진행하는 내용을 담고 있습니다. 교회가 매주 구체적이고 실제적인 방안을 제공함으로써, 성도들이 태신자를 작정한 후 행축 때까지 긴장과 집중을 유지하며 잘 준비하게 하는 것입니다. 이것은 또한 일회성 행사처럼 보이는 전도가 아닌 실제적이고 인격적인 전도가 되도록 성도들을 돕습니다.

행축 준비의 마지막 하이라이트는 특별새벽부흥회입니다. 이 특새는 5월 중순에 진행하는데, 행축을 앞두고 전 교회가 기도의 불을 붙이는 시간입니다. 특새는 영아부부터 노

인부까지 전 성도들이 참여하기에 '3대가 함께하는' 경산중앙교회의 철학과 연계됩니다.

　경산중앙교회의 봄 행축은 주일과 월요일에 진행됩니다. 주일에는 2부부터 5부 예배까지, 월요일에는 오전과 저녁에 행축과 관련한 예배를 드립니다. 2019년 봄 행축에는 1,047명의 인도자가 3,466명의 태신자를 예배로 초청하였습니다. 그 중 1,594명이 결신하였고, 336명이 등록하여 신앙생활을 시작하였습니다. 경산중앙교회는 이들을 숫자로만 보지 않고 하나님께서 귀하게 보시는 영혼으로 바라봅니다. 한 사람, 한 사람이 매우 소중하고 귀하기 때문입니다.

 구역모임의 소그룹 전도사역

가을 행축은 봄 행축과 다르게 구역별 소그룹 전도로 진행됩니다. 가을 행축은 목자의 리더십을 중심으로 구역별로 역동적으로 움직입니다. 8월 말에 구역모임이 시작하면 구역대심방을 통해 각 구역을 돌아보며, 구역별로 한두 명의 태신자를 함께 작정하도록 합니다. 그리고 구역모임에 구역별로 작정한 태신자를 초대해 교제하고 복음을 전합니다.

가을 행축의 목표는 구역별 태신자 작정을 통해 경산중앙교회 안의 '작은 교회'라고 할 수 있는 구역의 야성과 역동성을 살리고, 방학 기간 동안 쉬고 있던 구역모임을 활성화하며, 구역모임을 인도하는 목자의 리더십을 키우는 데 있습니다.

가을 특새는 구역별 행축과 대학수학능력시험 등을 주요 기도제목으로 삼아 10월 중순에 진행합니다. 그러면서 10월 말부터 11월 중순까지 행축을 진행합니다. 가을에 진행되는 '구역별 행복한 사람들의 축제'는 대규모 전도축제인 봄의 행축과 대조되는데, 무엇보다 구역장(소그룹 목자)인 평신도 지도자들의 저력이 드러나는 시간입니다. 2019년 가을에도 경산과 대구 각지에 흩어져 있는 330개의 구역모임에 태신자를 초대하고 복음을 전하며, 삶과 사랑을 나누는 은혜의 시간을 보냈습니다. 소그룹 목자들은 담당 구역의 구역원들을 격려하고 영혼구원을 위해 기도하며, 애달픈 마음으로 가을 행축을 준비했습니다.

위와 같이 경산중앙교회는 대그룹 전도축제와 소그룹 전도축제를 모두 진행하고 있습니다. 사실 교회의 사역에서 핵심은 이 두 가지 행축을 중심으로 이뤄진다고 해도 과언이

아닙니다. 영혼 구원이라는 지상명령은 단순한 슬로건이 아니라 모든 사역의 실제적인 목적이어야 하기 때문입니다. 성도들은 이런 영혼 구원의 가치에 반응하고 헌신합니다. 그래서 시간과 물질과 열정을 다해 태신자를 작정하고, 인도하며 정착시켜 한 영혼의 구원에 집중합니다.

이렇게 교회가 전도에 집중하면 성도들은 무엇을 느끼고 어떻게 생각할까요? 성도들은 연간 두 번의 전도축제로 인한 육체적 피곤을 느끼기보다 '영혼 구원의 기쁨'이 훨씬 크다고 말합니다. 한 영혼이 주께 돌아올 때 경험하는 회심의 감격뿐 아니라, 영적으로 어린아이 같던 성도가 큰 믿음을 가진 지도자로 자라가는 성장의 기쁨은 구원받은 성도가 이 세상에서 누릴 수 있는 가장 큰 기쁨이 아닐까요? 한 영혼이 주께로 돌아오는 것을 보며 성도인 우리가 이렇게 기쁘다면, 하늘 아버지는 얼마나 기뻐하실까요? 그래서 경산중앙교회는 기승전 '영혼 구원'의 사역에 오늘도 열심을 다해 헌신합니다.

#기승전전도 #봄행축 #가을행축 #태신자
#전도초청집회 #소그룹전도 #영혼구원의기쁨

Chapter 08

3대가 함께 하는
특별금요성령집회

영적 사우나 같은 금요일 밤의 행복

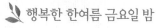 행복한 한여름 금요일 밤

직장인들은 여름휴가로 얼마의 시간과 비용을 사용할까요?
모 기관의 조사에 따르면 2019년 직장인들의 여름휴가 기
간은 평균 4.1일로 집계됐습니다. 기간별로는 3일(36.4%), 5
일(20.2%), 4일(17.1%), 7일 이상(11.0%) 순이었습니다. 여
름휴가 비용은 평균 57만 9000원으로, 2018년 평균(59만
6000원)보다 1만 7000원이 줄었습니다.

반면 여름휴가 계획이 없다고 답한 직장인은 14.0퍼센트

였습니다. 이유로는 '경제적 여유가 없어서'(54.1%)가 2위인 '다른 기간에 휴가를 쓰려고'(24.3%)와 큰 격차를 보이며 1위를 차지했습니다. 전년도 조사에서 '경제적 이유'와 '다른 기간 휴가'가 공동 1위를 차지한 것과 다른 양상을 보인 것인데, 아마도 어려워진 경제상황이 반영되었으리라 짐작됩니다.

직장인이 이렇다면 자영업에 종사하는 사람들은 휴가를 꿈꾸기가 더 힘들지 않을까요? 그래서 경산중앙교회는 무더위가 한창인 8월 중순에 교회에서 휴가 분위기를 내는 시도를 해마다 하고 있습니다. 바로 3대가 함께하는 특별금요성령집회입니다.

'특별'이라는 명칭을 기존의 금요일 집회(금요성령집회)에 덧붙인 것은 말 그대로 '특별한 금요성령집회'를 드린다는 것을 의미합니다. 보통은 매주 금요일 밤마다 담임목사가 설교하고 직접 기도회를 인도하며, 1400여 명의 성도들이 2시간가량 뜨겁게 찬양하고 기도합니다. 마치 개척교회나 기도원에서처럼, 수련회에 온 것처럼 온 힘을 다해 예배를 드리지요. 그래서 어떤 성도는 특별금요성령집회를 영적 사우나에 비유하기도 합니다. 예배를 드리고 나면 사우나를 다녀온 것처럼 온 몸이 개운하고 깨끗해진 느낌이라고 말합니다.

누구나 마음껏 기도하는 곳

경산중앙교회의 금요성령집회에는 평소에도 본 교회 성도 대비 타 교회 성도가 많게는 6대 4의 비율로 참여합니다. 외부강사나 유명인이 강사로 섬기는 특별금요성령집회는 5대 5, 즉 절반에 달하기도 합니다. 다른 교회의 어떤 성도는 자신의 교회에 금요예배가 없어서 참여한다고 하고, 어떤 성도는 마음껏 기도할 예배당이 없어서 참여한다고 합니다. 교회에 마음 놓고 기도할 자리가 없다니 참으로 슬프고 안타까운 일이 아닐 수 없습니다. 단순한 자리나 장소의 이야기는 아닐 것입니다.

그러나 다시 생각해보면, 오늘날 한국교회에 과연 마음 놓고 기도할 자리가 있는지요? 과거 한국교회의 마룻바닥 예배당이 공동체가 함께 목 놓아 기도하는 현장이었다면, 지금 교회는 전통적인 장의자도 아닌 개인용 의자가 구비돼 더 편안하고 세련된 환경으로 변화되었습니다. 그 결과 성도들은 어쩌면 각자 편안하게 기도할 수 있을지는 모르지만, 부르짖는 기도와 깊은 기도의 영성에 대한 기억은 추억 속으로 사라졌다 해도 과언이 아닐 것입니다.

그러나 경산중앙교회 금요성령집회에서는 누구나 목 놓아 부르짖어 기도합니다. 마음껏 기도할 수 있는 장이 되기 때문입니다. 함께 말씀을 받고, 말씀대로 살도록 하나님의 능력을 받기 위해 하늘의 도우심을 구하는 기도를 올려 드립니다. 자신을 위한 기도와 가정을 위한 기도, 교회를 위한 기도와 나라와 민족을 위한 기도를 드리는 것입니다. 특히 문자(#2016)를 통해 요청한 성도들의 중보기도 제목을 놓고 온 성도가 마음을 다해 기도하는데, 이때의 합심기도 위력은 실로 대단하여 곳곳에서 응답의 역사가 나타납니다. 그래서 금요성령집회는 영적 사우나일 뿐 아니라 영적 용광로가 되기도 하지요. 함께 기도함으로써 영적 동력이 생성되는 현장이 바로 금요성령집회입니다.

경산중앙교회의 모든 예배가 특별하지만, 특별금요성령집회는 여러 면에서 더욱 특별합니다. 매년 특별한 주제로 진행되어 특별하고, 3대가 함께 참여하는 집회이기에 특별합니다. 전 세대를 위한 특별한 순서와 선물이 준비되어 특

특별금요성령집회를 섬기는
주일학교 콰이어.

별한 기대감을 더합니다.

2019년 특별금요성령집회의 주제는 '한여름 밤의 꿀'이었습니다. "주의 말씀의 맛이 내게 어찌 그리 단지요 내 입에 꿀보다 더 다니이다"라는 시편 119편 103절의 말씀을 따라, 3대가 하나님의 말씀을 함께 배우고, 외우고, 누리는 시간이었습니다. 성도들이 화합하고 소통하는 의미 있는 시간이기도 했습니다.

1주차에는 말씀을 암송하는 특별순서가 있었습니다. 주일학교 학생들로 구성된 콰이어의 은혜로운 찬양과 영아부의 성경 암송 영상, 영어예배부 학생들의 영어 성경 암송은 예배드리는 성도들의 마음에 감동을 주기에 충분했습니다. 이어 '한여름 밤의 성경퀴즈'가 진행되었습니다. 목회자들의 얼굴 스티커가 새겨진 수박을 선물로 받은 성도들의 환한 웃음이 본당을 가득 메웠습니다.

2주차는 '스탠드 펌'(Stand Firm) 형식으로, 교육부 교역자들과 주일학교 아이들이 모두 선 채로 찬양을 인도했습니다. 한여름 밤, 본당을 가득 메운 성도들도 다 일어서서 "주를 향한 나의 사랑 멈출 수 없네"라고 마음껏 주님을 찬양했습니다. 본당은 마치 젊은이들의 콘서트장을 방불케 하였습니다.

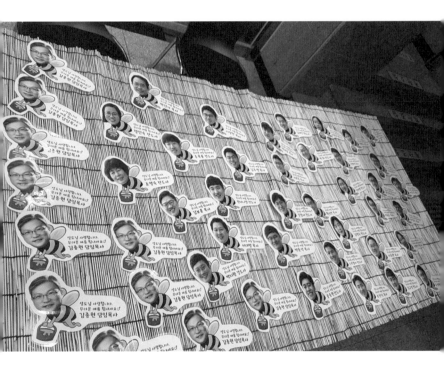

3대가 함께하는 특별금요성령집회에
수박을 제공한 교역자들의 스티커.
꿀맛 같은 기쁨을 누리시라고 수박에 붙여드렸습니다.

'꿀벌 인형과 함께 사진 찍기', '말씀 풍선을 맞춰라', '크게 외쳐요' 같은 코너는 유쾌했습니다. 찍은 사진으로 프린트 서비스를 받았고, 대형 아이스크림 박스가 등장하여 시원한 즐거움도 더했습니다. 음악에 맞춘 유치부의 말씀 암송은 큰 박수를 받았고, 전 주에 배부한 성경 퍼즐의 답안지를 각 주일학교의 부장들이 추첨하여, 당첨자에겐 담임목사와 교역자들이 준비한 수박을 선물로 주었습니다.

🌿 3대가 정말로 행복하려면

'3대가 행복한'은 경산중앙교회의 4대 목회철학 중 하나입니다. 3대가 행복하다는 말은 무엇을 의미할까요? 하나님은 모세에게 하나님 자신을 소개할 때 "아브라함의 하나님, 이삭의 하나님, 야곱의 하나님"(출 3:15)이라고 말씀하셨습니다. '3대의 하나님'이라는 말 자체가 하나님의 이름이 되고 칭호의 상징이 된 것입니다.

또한 3대가 행복하기 위해서는 자녀가 부모에게 순종하고(엡 6:1), 부부는 하나가 되며(엡 5:31), 부모는 주의 교훈과

훈계로 양육해야(엡 6:4) 합니다. 이 모든 것이 가능하려면, 3대가 정말로 행복하려면, 부모도 부부도 자녀도 모두 반드시 주 안에 있어야 합니다. 그래서 경산중앙교회의 성도들은 누구나 3대가 예수를 믿고, 그 안에서 샬롬의 축복을 누리는 행복한 가족이 되기를 소원합니다.

이런 의미에서 3대가 함께하는 금요성령집회는 전 세대가 주 안에서 예배하고 소통하며 기뻐하는 장을 제공합니다. 재미도 있고 즐거움도 있습니다. 그러나 유쾌함을 넘어 찬양과 기도와 말씀을 통해 하나님의 말씀에 순종하여 살아갈 힘과 능력을 공급받는 현장이 된다는 것이 더 중요합니다. 마음껏 찬양하고 마음껏 기도할 때, 즉 영적 용광로와 같은 예배의 자리에 설 때 말씀대로 살아갈 능력이 하늘로부터 부어지기 때문입니다.

"하나님의 나라는 말에 있지 아니하고 오직 능력에 있음이라"(고전 4:20).

#특별금요성령집회 #교회여름휴가 #기도할자리
#영적사우나 #영적용광로 #3대가행복한

Chapter 09

제자훈련의 본질로
승부하는 교회

한 영혼을 제자 삼는 지상명령을 따른다

11월이면 사람들은 여러 모양으로 가을을 누립니다. 어떤 이는 빨갛고 노랗게 물든 산과 들을 찾아 단풍놀이를 가도, 수험생들은 수능 준비에 여념이 없습니다. 미식가들은 추수의 계절에 햅쌀을 맛보고 겨울 보양식인 과메기와 굴을 찾아 미리 길을 나섭니다. 만물이 익어가고 추수하는 계절에, 경산중앙교회의 성도들은 영혼구원의 수확을 위해 온 힘을 쏟습니다. 11월이 오기 전의 몇 주간, 구역별로 가을 행축인 '행복한 사람들의 축제'를 준비하면서, 영혼을 잉태하고 섬기며 주께로 돌이키는 수확의 기쁨을 누리는 것입니다.

봄에 진행되는 행축은 전도 대상자들을 교회로 초청하는 것이기에 주로 목회자들이 긴장하며 준비합니다. 그러나 가을 행축은 구역별로 전도 대상자를 자신의 구역으로 초청하는 것이기에, 몇 명의 목회자가 아니라 수백 명의 평신도 목자들이 더 긴장하며 준비합니다. 목자들의 영적인 힘과 각자가 뿜어내는 헌신의 힘은 가히 어마어마합니다.

🌿 영혼구원 사역의 동력은 제자훈련

경산중앙교회는 어떻게 이렇게 치열하게 영혼사역에 헌신할 수 있을까요? 교회의 본질적 사역인, 한 영혼을 제자로 삼는 제자훈련에 집중하기 때문입니다.

경산중앙교회 사역의 중요한 두 축은 제자훈련과 전도입니다. 제자훈련을 통해 한 사람의 성도는 예수 그리스도를 따르는 신실한 제자로 변화됩니다. 주님과의 동행이 시작되며 전인격적인 변화를 경험하게 되지요. 우선, 하나님이 세상을 이처럼 사랑하사 독생자를 주셨는데, 그 세상이 바로 나라는 사실을 깨닫게 됩니다(요 3:16, 갈 2:20). 하나님이 나

담임목사와 함께하는 사역훈련은
제자훈련의 꽃으로 불립니다.

자신에 대해 우주의 가치로 보고 계시다는 것을, 아니 예수
님의 가치로 보고 계시다는 것을 깨닫게 되는 것이지요.

더불어 나 자신뿐만 아니라, 한 영혼의 가치가 양으로 측
정할 수 없는 보배롭고 존귀하다는 것도 깨닫게 됩니다. 그
래서 어린 아이 하나를 영접하는 것이 예수님을 영접하는
것이요(마 18:5), 지극히 작은 자 하나에게 한 것이 예수님께

한 것이라고(마 25:40) 하신 말씀의 진정한 의미를 제자훈련을 통해 깨닫게 됩니다. 이전에는 종교 소비자 노릇을 하던 성도들이, 이제는 그리스도의 신실한 제자로 거듭납니다.

주님은 우리를 분명히 "택하신 백성이요 왕 같은 제사장이요 거룩한 나라"(벧전 2:9)로 부르셨는데, 정작 왕 같은 소비자가 늘어나고 있는 것이 교회의 현실입니다. 일주일에 단 한 번 교회에 나와 교회 시설을 이용하고 진행되는 예배를 감상하던 소비자, 양질의 설교와 불편이 없는 교회 환경을 누리길 원하던 소비자 성도들이 제자훈련을 통해 영혼의 가치를 제대로 알게 되고, 드디어 헌신까지 하게 되는 그리스도의 제자로 변화됩니다. 그리고 제자훈련을 통해 한 영혼이 곧 교회라는 것을 깨닫게 되지요. 길 잃은 한 마리 양의 비유를 통해, 교회 안의 영혼 못지않게 교회 밖에서 방황하는 영혼도 동일하게 소중하고 값진 존재라는 것을 느끼게 되는 것입니다. 또한 사도 바울의 고백처럼, 한 영혼이 하나님의 성전이며 하나님의 성령이 그 안에 계신다는 것을 인식하게 됩니다.

경산중앙교회 성도들은 제자훈련을 통해 하나님의 관심이 한 영혼에 있다는 것을 잘 알고 있습니다. 그래서 피가 마르는 육적·영적 고통이 수반되지만 '영혼사역'에 최선을 다하는 것입니다. 이렇게 훈련된 예수 그리스도의 제자들이 자신의 삶의 자리에서 생명을 낳는 일에 순종합니다. 마치 아이를 낳듯이, 태신자를 품고 영적 출산을 경험한 제자들은 세상이 줄 수 없는 큰 기쁨을 경험합니다. 이들에 의해 전도된 새신자는 또 다시 훈련에 장에서 변화를 경험하고, 새생명을 잉태하는 선순환이 이루어지게 됩니다. 결국 훈련과 전도는 행정적으로 다른 사역처럼 보이지만, 전도가 훈련으로 이어지고 동시에 훈련이 전도로 이어지는 유기적 사역으로 존재합니다.

생명의 재생산과 훈련이 순환적인 동시에 동시다발적으로 이루어짐으로써 교회는 건강성을 유지할 수 있습니다. 결론적으로, 제자훈련이란 천하보다 귀한 한 영혼이 예수님의 제자로 살아가기로 작정하는 여정의 시작입니다.

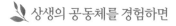 상생의 공동체를 경험하면

예수님을 믿는 성도라면 누구든지 예수님처럼 살아가기를

제자훈련으로 만난 지체들은 평생 동역자가 됩니다.
모든 훈련생은 이 시간을 사모할 수밖에 없습니다.

소원할 것입니다. 그래서 제자훈련을 통해 매일 말씀을 묵상하고 기도함으로써 하나님과의 친밀한 교제를 시작합니다. 예수님이 어떤 분이신지 알아가고, 그분이 내 삶에 직접 개입하셔서 나의 생각과 감정과 의지를 변화시키시도록 주인의 자리를 내어드립니다.

그런데 이 과정이 쉽지만은 않습니다. 혼자 하려면 어려운 상황도 만나고 포기하고 싶어질 수 있지요. 그래서 제자훈련은 소그룹 공동체 속에서 이루어지는 게 좋습니다. 힘들어하는 동역자를 내가 일으키고, 또 힘들어하는 나를 일으켜주는 동역자를 만나는 현장이 되는 탓입니다. 소그룹이 예수 그리스도의 피로 한 가족이 되어, 서로 사랑하고 아껴주는 가족이 되어갑니다. 공동체 안에서 기쁨도 아픔도 즐거움도 슬픔도 함께 느끼고, 삶에 대해 함께 고민하며 사역의 현장에서 주님이 기뻐하시는 일을 함께 감당합니다.

이러한 상생의 공동체를 경험하면 소그룹 멤버들은 평생 동역자가 되어 서로를 중보하는 관계가 됩니다. 결국 성도는 제자훈련을 통해 개인적으로, 그리고 공동체적으로 그리스도를 닮은 삶을 살아내려고 결단하고, 성령의 도우심을 삶에서 경험하게 됩니다. 따라서 제자훈련은 전인격적인 훈련의 과정입니다. 또한 제자훈련은 시작이 있을 뿐 평생 동안 끝없이 계속되는 것입니다. 일평생 그리스도의 제자로서 한 걸음 한 걸음 걸어가는 여정의 시작일 뿐이지요.

경산중앙교회는 2019년에 60주년을 맞이한 전통적인 교회로서 22년째 제자훈련을 하고 있습니다. 한 영혼을 제자 삼는 사역을 목회비전으로 삼아, 한 영혼을 예수 그리스도처럼, 한 영혼을 교회처럼 바라보며 예수 그리스도의 지상명령을 수행하고 있습니다.

예수님은 교회가 된 우리에게 명령하셨습니다.

"그러므로 너희는 가서 모든 민족을 제자로 삼아 아버지와 아들과 성령의 이름으로 세례를 베풀고 내가 너희에게 분부한 모든 것을 가르쳐 지키게 하라"(마 28:19-20).

그래서 우리는 오늘도 제자훈련을 합니다. 한 영혼이 예수 그리스도의 제자로서 행복한 삶을 누리는 것을 소망하기 때문입니다.

#제자훈련 #영혼사역 #새생명잉태 #본질적사역
#평신도목자 #상생의공동체

Chapter 10

세상에서 가장 긴
나눔의 다리를 놓는 교회

지역사회를 향한 흘림이 축복으로 돌아온다

🌿 거둬들이지 않는 가치

믿음의 조상들은 가을이 깊어갈 때 감나무 가지에 까치밥을
남겨 두었던 선조들처럼, 밀밭과 포도원의 열매를 남겨 고아
와 과부와 나그네가 궁핍을 해결할 수 있도록 했습니다. 이
른바 '거둬들이지 않는'(Unharvested) 가치를 실천했던 사람
들이지요. 그들은 마저 거둬들이지 않은 뭔가가 있는 인생,
다 따지도 전부 거두지도 않는 인생, 악착같이 다 챙기지 않
는 인생, 이웃을 위해 조금씩 흘리며 산 인생들입니다. 당장

은 손해 보는 것 같지만, 그런 흘림을 통해 까치가 살고 이웃이 살아갔습니다.

성경은 그렇게 사는 것이 거룩한 인생이라고 말씀하십니다. 그렇게 사는 자들에게 하나님은 갚아주시겠다고 약속하십니다.

"가난한 자를 불쌍히 여기는 것은 여호와께 꾸어드리는 것이니 그의 선행을 그에게 갚아 주시리라"(잠 19:17).

그래서 흘림은 축복인 것입니다.

몇 해 전 경산중앙교회의 갈릴리 청년부에서 가을 특별 새벽 부흥회 기간에 포장마차를 운영하여 생긴 수익금을 교회에서 운영하는 경산월드휴먼브리지(경산중앙교회의 NGO)에 기부하였습니다. 부서의 단기선교나 자체 장학금이 아닌, 일면식도 없는 노숙자들의 방한복 구입을 위하여 기부한 것입니다.

경산월드휴먼브리지는 방한복 패딩 점퍼를 구입하여 밤을 지내기 위해 지하철역에 찾아든 노숙자 50여명에게 전달하였습니다. 이 소식이 전해지자 갓 결혼한 젊은 부부 한 쌍이 결혼하여 받은 첫 월급 전액을 기부하였습니다. 그들의 기부로 파지를 줍거나 일용직으로 생계를 이어가는 지역 내

독거노인 120여명을 위한 방한복을 구입할 수 있었습니다. 이들은 "나눔에 대한 마음을 갖고 있었는데 의미 있는 일을 할 수 있어 감사하고, 마음의 부자가 된 것 같아 기쁘다"고 말했습니다.

이후 교회에 갓 등록한 한 성도는 한 겨울에 교회주차장에서 봉사하시는 분들을 위해 방한복 30벌을 기부했습니다. 이처럼 흘림은 축복이 되고 계속 흘러 더 큰 축복이 되었습니다.

🌿 교회 밖, 세상을 변혁하는

과거 고(故) 옥한흠 목사님께서 "한국교회는 한 번도 교회 창문 밖을 내다본 적이 없다"는 말씀을 하셨습니다. 그래서 경산중앙교회에는 '세상을 변혁하는'이라는 목회비전이 있습니다. 그에 따라 교회의 NGO인 경산월드휴먼브리지를 시작하여, 소외받는 이웃들에게 세상에서 가장 긴 나눔의 다리를 놓고 있는 것입니다. 나눔의 다리를 놓는다는 것은 어떤 의미일까요?

첫째, 나눔의 다리를 놓는 것은 장벽을 넘는 것입니다.

경산중앙교회에는 아직 앳되어 보이는 어린 엄마들이 영아부에 참석합니다. 지역의 미혼모자 시설에 있는 어머니와 아기들입니다. 아이를 포기하지 않고 꿋꿋이 살아가려는 엄마들이 취업교육을 받을 수 있도록 성도들이 아기를 돌보아주고 학습비를 지원하며, 멘토링과 중보기도로 섬깁니다. 더나아가 제도권 밖에서 쉴 곳을 잃은 미혼모자들을 위한 쉼터인 '엔젤맘 하우스' 설립을 준비하고 있습니다. 뿐만 아니라 네팔지진 피해복구, 양철통하우스 건축, 케냐 난민캠프 콜레라 예방 지원, 우물 파기, 모자 뜨기, 라오스 의료선교, 탈북청년 구출지원 등, 지구촌 곳곳의 소외받고 있는 이들에게도 장벽을 넘는 나눔의 다리를 놓고 있습니다.

둘째, 나눔의 다리를 놓는 것은 그들에게 가까이 가는 일입니다.

경산에 전국에서 결식률이 가장 높은 학교가 있다는 소식이 알려졌습니다. 그 소식을 들은 성도들이 '우리가 이 지역에 있는 한, 배고파서 꿈을 포기하는 아이들이 없도록 하자'고 마음을 모으고 물질을 모았습니다. 그 결과 40여명의 아이들에게 학습비와 급식비를 지원하고, 아이들이 꿈을 꿀 수

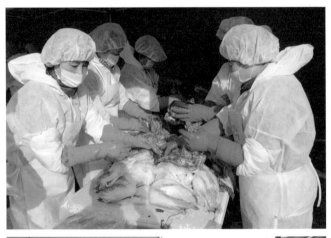

'사랑의 김장 나눔'을 위해
직장인까지 연차휴가를 내 참석하기도 합니다.

있도록 지원하는 '꿈꾸는 밥' 사업을 진행하고 있습니다.

매년 4월이 되면 취약계층의 산모들에게 모아사랑태교음악회를 열어 음악과 출산용품을 지원합니다. 그에 따라 8년간 1천 명이 넘는 취약계층 산모들의 정서적, 물질적 필요를 채울 수 있었습니다. 6월 호국보훈의 달과 추석 명절에는 사랑의 보따리를 만듭니다. 후원자들이 자녀들과 직접 구입한 물품을 보따리에 담아 홀로 계신 어르신들과 한 부모의 자녀 또는 조손가정에게 전달합니다.

또한 지역의 어르신들을 위해 2013년 경산시의 인가를 받아 노인대학을 개교해, 매년 250명, 연인원 1,700여명의 어르신들이 즐겁고 건강한 노년을 보낼 수 있도록 돕고 있습니다. 노인대학은 기독교인 30퍼센트, 비기독교인 70퍼센트로 구성돼 있어, 종교를 떠나 지역사회의 곳곳에 나눔의 다리를 놓고 있습니다.

또한 행복나눔 문화센터를 개설하여 문화와 예술이 공존하는 믿음의 공동체를 만들어가고 있습니다. 53개 강좌에 23명의 전문 강사를 세웠고, 취약계층에게 다양한 혜택을 제공하고 있습니다. 이외에도 사랑의 쌀 나눔, 김장 나눔, 점심 나눔, 난방비 지원 사업을 하고 있습니다.

사랑의 김장 나눔 전달식.
지역사회의 지지와 관심이 뜨겁습니다.

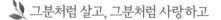 그분처럼 살고, 그분처럼 사랑하고

복음과 선행은 분리될 수 없습니다. 왜냐하면 그리스도인은 하나님을 사랑하고 이웃을 우리 몸처럼 사랑하라는 두 가지 명령을 하나로 받은 사명자들이기 때문입니다. 그래서 예수님을 만나 변화되고, 하나님 나라의 가치를 따라 각자의 삶의 현장을 변화시킵니다. 예수님의 제자로서 그분처럼 살고, 그분이 사랑하시는 것처럼 이웃을 사랑해야 합니다. 초대교회가 그러했듯이, 세상이 주목할 만한 방식으로 살아야 하는 것입니다.

'안 거둬들이는 흘림'은 '날마다 더 하시는 축복'으로 돌아옵니다. 다 거둬들이지 않은 흘림은 어느 순간 나를 향한 더 큰 축복으로 돌아오는 반향(反響, Ripple)이 됩니다. 그것이 하나님 나라의 방식입니다.

#흘림 #기부 #경산월드휴먼브리지 #세상을변혁하는 #나눔의다리

Chapter 11

책을 통해
다음세대의 꿈을 펼친다

자율독서와 가치교육 프로그램 '행복책N꿈'

🌿 인공지능 시대, 인간의 사고력

지난 2016년 프로 바둑 기사 이세돌 9단과 인공지능(Artifi-cial Intelligence, AI) 알파고의 바둑 대결이 열렸습니다. 인간과 인공지능의 대결이라는 점에서 대한민국뿐 아니라 전 세계의 화제가 되었지요. 12세에 프로에 입단한 이세돌이 구글 딥마인드에서 개발한 바둑 인공지능 프로그램인 알파고와 바둑 대결을 하는 것도 화제였지만, 사람이 기계를 상대로 5번의 경기 중 단 한 경기를 이겼다는 결과가 충격이었습

'행복책N꿈' 아이들이 스스로 독서하는 모습.

니다. 알파고는 단순히 사람 흉내를 내는 바둑 프로그램이 아니라, 두 개의 신경망을 이용해 사람의 움직임을 예측하고 스스로 경험을 쌓고, 스스로 학습하고 스스로 전략을 짜는 프로그램이라는 점에서 인간의 승리가 거의 불가능하다고 알려져 더 충격이었지요.

결과적으로는 4대 1의 패배였지만, 이세돌 9단은 '알파고에게 승리한 유일한 인간'이라는 타이틀을 얻었습니다. 실제로 알파고는 2017년에 은퇴했는데, 그의 전적은 68승 1패였고, 단 한 번의 패배를 이세돌에게 당한 것입니다. 특히 승리의 한 수가 된, 4국에서 이세돌 9단이 보여준 178수가 화제였습니다. 일명 '신의 한수'라고 불린 이 선택은 기존의 틀을 깨는 수여서 알파고마저 당황했다고 합니다. 전문가들에 따르면 이 178수는 0.007%의 확률을 뚫은 판단이었다고 합니다. 참으로 놀라운 창의적 사고력의 결과입니다.

 생각하는 힘을 가진 21세기 인재 양성

우리는 다음세대인 우리 아이들을 어떻게 키워야 할까요?

인생은 바둑이 아니지만, 세상에서 알파고를 이길 수 있는 사람으로, 아니 견줄 수 있는 사람으로 키우려면 어떻게 가르쳐야 할까요? 0.007의 우승 확률이라는 극한의 상황에서 승리를 거둔 이세돌 같은 사고와 선택을 할 수 있을까요? 이것은 미래의 인재상에 대한 질문이기도 합니다.

21세기의 인재상을 보면, 유독 '사고력'에 대한 언급이 많은 것을 알 수 있습니다. 사고력이라 함은 생각하는 힘인데, 그 역량을 어떻게 개발할 수 있을까요? 그리고 이 과제를 누가 주도적으로 풀어야 할까요?

이런 미래지향적인 대안 교육에 대한 고민 끝에, 경산중앙교회는 2017년에 '행복책N꿈'이라는 프로그램을 시작했습니다. '행복책N꿈'은 경산중앙교회의 부설기관으로 '책(Book), 만남(Network), 꿈(Dream)'을 상징하며, 책과 만남으로써 꿈을 발견할 수 있도록 돕는 독서 프로젝트입니다. 독서가 학습을 위한 또 하나의 수단이 아니라, 하나님이 주신 꿈을 찾는 통로 역할을 할 수 있도록, 독서 문화를 창조하려는 것입니다. 성경적 가치관을 토대로 한 독서, 편향적 독서 습관 지양을 위한 영역별 독서, 읽기·쓰기·말하기·듣기 능력의 고른 향상을 위한 통합적 독서, 수준에 따른 단계별 독서 등을 지향하고, 개인별로 독서 이력을 체계적으로 관리합니다.

'행복책N꿈'은 가정에서 자율독서와 독서인증을 유도하도록 독서일지를 기록하고, 일주일에 한 번씩 모둠별 수업에 참여해 함께 독서하며, 책 읽어줄 때 경청하기, 가치 찾기, 활동하기, 책 공유하기, 깨달음 노트 기록하기 등을 합니다. 아이들은 일주일 단위로 단계에 맞는 다양한 책을 선택해서 읽고 인증시험에 참여하며, 읽은 책에 대한 독서일지를 기록합니다. 일주일에 한 번씩 1학년부터 6학년으로 이루어진 모둠별 수업에 참여하여 선생님이 읽어주는 책을 듣고, 이야기와 활동을 통해 가치를 배우며, 읽은 책에 대해 발표하고, 깨달은 것에 대해 기록하는 것이지요. 선생님의 1대 1 코칭을 통해 자신의 생각과 감정을 나누기도 합니다.

'행복책N꿈'은 딱딱한 지식보다 따뜻한 가치를 우선으로 추구합니다. 가치가 먼저 바르게 정립되어야 지식 또한 바르게 사용할 수 있으며, 또한 가치는 판단과 선택의 기준이 되기 때문입니다. 하나님의 자녀들에게 가치 판단의 기준은 하나님의 말씀입니다. 말씀을 읽게 하면 하나님이 좋아하시는 것을 좋아하고, 싫어하시는 것을 싫어하는 아이들로 키울 수

아이들은 독서 훈련을 통해
자신의 생각과 의견을
자유롭게 표현하게 됩니다.

있습니다.

요즘의 아이들은 가치를 경험이 아닌 말이나 글로만 배우는 것 같습니다. 예를 들어 배려가 무엇인지, 어떻게 배려해야 하는지 글로는 배우지만, 정작 가정과 학교에서 배려를 받아보지 못한 아이들이 매우 많은 것을 보게 됩니다. 그래서 가치를 몸으로 체득하는 교육을 지향합니다. 배려가 무엇인지 정의를 내릴 뿐만 아니라, 배려받아 따뜻함을 느끼고, 배려함으로써 기쁨을 느끼게 하며, 삶에서 배려에 대해 경험하고 생각한 것을 글로 표현하게 합니다. 그 결과 배려는 하나님이 주시는 것이며, 그분이 기뻐하시는 가치이자 내 삶에서 일상화시켜야 할 따뜻한 가치라는 것을 깨닫고, 배려하기로 결단할 수 있습니다.

🌿 미래에도 함께하는 공동체가 되도록

'행복책N꿈'이 목표로 하는 것은 기독교 가치와 인문학적 소양을 동시에 배양하는 것입니다. 그래서 기독교 서적과 일반 양서들을 함께 제공합니다. 상담을 하다보면 자녀가 책을 싫어하는 아이라고 표현하는 학부모가 있는데, 이는 틀린 표현인 것 같습니다. 사실은 책 읽기가 익숙하지 않은 아이, 책 읽는 환경에 노출되지 않은 아이, 책 읽는 기쁨을 경험하지 않은 아이들이 대부분이기 때문이지요. 혼자 읽고, 함께 읽고, 책을 읽은 것에 대해 격려받고, 자기가 재미있게 본 책을 친구에게 소개하고, 친구에게서 좋은 책을 소개받고, 읽은 책에 대해 독후감을 써보는 각종 활동을 통해 책읽기의 즐거움을 온몸으로 배울 수 있습니다. 그 결과 책을 좋아하는 아이로 변하게 됩니다.

그리하여 결론적으로, '행복책N꿈'은 함께하는 공동체입니다. 통합교육이기 때문에 단점도 간혹 있지만, 장점이 훨씬 많습니다. 혼자 자라는 아이들에게 책을 통해 형제와 자매가 생깁니다. 대부분의 미션이 경쟁이 아닌 상생과 협력을 추구하기에, 서로 돕기도 하고 도움을 받기도 합니다. 작은 공동체에서 함께 성공을 경험하고 실패도 경험합니다. 매주 만나는 아이들은 독서 수업 후에 함께 뛰어놀며 놀이 공동체가 되기도 합니다.

교사는 잘못을 지적하기에 앞서 따뜻하게 안아주고 바라봄으로써 사랑에 근거한 훈육이 되도록 노력합니다. 또한 교육은 교사와 부모가 함께 한 목소리를 내야 효과적이기에, 부모들과 긴밀하게 소통합니다. 매주 독서를 통해 어떤 가치를 나누었는지 가정에서 나눌 것을 권면하고, 학부모 교육과 상담을 통해 같은 가치를 가지고 살아갈 것을 다짐하지요.

'4차 산업혁명의 시대'라는 말이 더 이상 낯설지 않습니다. 생활의 편리를 위한 과학과 기술의 발달은 반갑지만, 반면 인공지능으로 인해 많은 직업이 사라질 것이라는 소식이나 기계가 인간보다 훨씬 빨리 배운다는 소식이 반갑지만은 않습니다. 먼 미래처럼 느껴지던 일들이 점점 빠르게 현실화되는 작금의 현실에서, 교회는 미래를 살아가야 할 다음세대를 어떻게 교육해야 할까요? 쉽지 않은 과제이지만, '행복책N꿈'을 통해 아이들이 하나님의 사랑을 경험하고 하나님의 가치대로 판단하여, 하나님이 기뻐하시는 감정과 생각과 의지를 가지고 살아가기를 기대합니다.

#다음세대 #독서교육 #행복책N꿈 #기독교가치 #인문학소양

Chapter 12

다시 일어나
배우며 꿈꾸는 사람들

어르신이 행복해지는 노인예배와 노인대학

🌿 행복과 멀어지는 노인을 위해

"어르신, 정확하지 않아도 됩니다. 비슷한 곳에 대충 표시하시면 돼요."

10분이 넘도록 할머니 한 분이 머뭇거리며 설문지를 작성하십니다. 자녀의 부모 방문 횟수, 경제적 수준을 확인하는 질문에 계속 망설이십니다. 답을 몰라서가 아니라, 사실대로 기록했다가 혹여 자녀들이 욕을 먹을까 걱정되는 마음 때문이지요. 어르신들 중에는 본인의 삶이 행복과 거리가 있더라

도, 자녀에게 피해를 줄까봐 실상을 감추고 홀로 외로움을 견디는 분들이 의외로 많습니다.

우리나라의 고령 인구는 매우 빠르게 증가하고 있습니다. 매년 25만 명의 고령 인구가 늘어나는데, 이는 하루 평균 800명의 노인이 탄생한다는 의미입니다. 노인의 수는 늘어나지만, 안타깝게도 그들에 대한 이해나 복지는 더디게 늘어나는 것 같습니다. 자녀는 있지만 의지하기 쉽지 않고, 병약해진 자신을 스스로 돌보기 버거울 뿐더러, 건강한 몸과 생활의 의지가 있어도 사회활동에서 소외되어 경제적인 어려움과 상실감과 외로움을 경험합니다.

경산중앙교회는 이러한 사회적 문제를 직면하면서 노인들을 위한 사역에 대한 고민을 시작했습니다. 노인들에게 단순히 갈 곳을 제공하고 외로움의 문제를 해결하는 것을 넘어, 배움을 통해 성취감을 느끼고 건강한 공동체를 형성하여 삶의 활력을 경험하게 하는 것을 목표로 삼았습니다. 그 결과 시작한 것이 노인예배와 노인대학 사역입니다.

노인예배는 경로당 사역으로부터 시작되었습니다. 경로당을 찾아가 '예수'라는 행복을 전하고, 주일에는 그들을 직접 예배 현장으로 모시고 와서 예배를 드리기 시작한 사역입니다. 처음엔 4명의 어르신으로 출발한 노인예배에 2019년 11월 현재 매주 130여명 정도의 어르신들이 함께 예배를 드리고 있습니다.

경로당 사역은 지금도 꾸준히 진행되고 있습니다. 매주 그들을 찾아가 예수를 전하고 국수와 부침개 등을 만들어 대접하면서 노인예배에 초대하고 있습니다. 어느덧 이제는 한 주라도 찾아가지 않으면 "왜 우리 경로당에는 오지 않느냐"고 섭섭해 하시기까지 합니다.

경로당 전도는 경산중앙교회의 전도축제인 행복한 사람들의 축제 때 그 빛을 더 발합니다. 지역에 있는 거의 모든 경로당의 어르신들이 초대되어 한자리에 모이는데, 약 1,300명이 교회로 발걸음을 옮기는 모습은 감동 그 자체이지요. 물론 교회 마당을 밟는 것과 회심은 별개이지만, 평생 교회와 상관없이 살던 이들이 교회에 발걸음을 한다는 그 자체가 회심의 시작이 되기 때문입니다.

지역사회 어르신들 행복하게 만들겠네

노인대학은 노인예배의 주중사역이자 노인사역이 확장된 것입니다. 노인대학 사역은 더 많은 어르신들이 교회에 쉽게 발걸음을 옮겨 예수라는 행복을 접하도록 돕습니다.

> 경산중앙 노인대학 대평동에 세워졌네
> 지역사회 어르신들 행복하게 만들겠네
> 배움 통해 행복하게 사랑 통해 행복하게
> 변화되는 어르신들 행복하게 살겠네

노인대학의 교가는 찬송가 261장(이 세상의 모든 죄를)을 개사하여 만든 것입니다. 이 가사에는 경산중앙교회 노인대학의 철학이 담겨져 있습니다. 그것은 바로 행복입니다. 목요일 오전마다 울려 퍼지는 학생들의 교가 제창은 매우 감동적입니다. 배움에 대한 기대를 넘어 대학생이라는 자부심

지역사회 노인들이 행복해지는
노인대학의 졸업식 장면.

과 소속감을 주는 것이 노인 대학생들을 얼마나 활력 넘치고 힘 있게 하는지 금세 알 수 있습니다. 이제는 고단한 삶으로 인한 상실감과 외로움이 보이지 않는, 행복한 학생들이 된 것을 볼 수 있습니다.

노인예배와 다르게, 노인대학에서는 오전과 오후로 나뉘어 정규 학과처럼 구성된 수업이 진행됩니다. 성경반을 제외한 모든 학과에는 신앙에 대한 강요나 기독교 용어는 거의 사용하지 않습니다. 그렇지만 교사들은 그리스도의 사랑을 담아 그들을 섬기며 그리스도의 향기가 전달되기를 기도합니다. 그 결과 노인대학에는 현재 450여명의 수강생이 참여하고 있습니다.

노인대학의 초기 복음화율은 10퍼센트 미만이었지만, 이제 30퍼센트 이상이 예수님을 믿게 되었습니다. 또한 지역에서 많은 사랑을 받는 노인대학이 되어 긍정적 이미지를 보여주면서, 교회와 함께 복음을 전하는 도구로 귀하게 쓰이고 있습니다.

이제 경산중앙노인대학은 학생으로 등록한 어르신들뿐 아니라 그들의 삶의 현장에도 기쁨과 행복이 흘러가기를 소망합니다. 무엇보다 예수로 인한 참된 행복을 누리고 행복한 세상을 만들어가는 통로로서 쓰임받기를 기대합니다.

많은 어르신들이 주변의 도움을 받아 힘겹게 행복을 유지하기보다, 자신이 행복해서 주변까지 행복하게 만드는 능동적인 삶을 살아가는 고령의 삶을 기대합니다. 경산중앙교회 노인예배와 노인대학을 통해, 그렇게 다시 꿈꾸는 어르신들이 되시기를 기도합니다.

#고령인구증가 #노인예배 #노인대학 #경로당사역 #다시꿈꾸는어르신

Chapter 13

가정이 살아야
교회가 산다

결혼예비학교와 사랑의 순례

🌿 행복하려고 결혼했는데 왜 안 행복할까?

'부부클리닉 사랑과 전쟁'이라는 TV 프로그램이 있습니다. 1999년에 처음 방영된 이래, 대작 드라마가 별로 없는 금요일 시간대에 최강 시청률을 기록한 드라마로 자리 잡아 2009년에 479회로 1기가 종영했고, 2011년부터 2014년까지 2기가 방영되었습니다.

사랑과 전쟁이라는 막장 드라마의 전형적인 '클리셰'만 나오는 드라마라고도 하지만, 이 드라마는 실화를 바탕으로 제작되었고, 사건의 정확한 고증을 위해 노력했다고 합니다. 물론 대부분 결혼생활의 어두운 부분을 다루었지요. 제목처럼 사랑은 하지만 전쟁과 같은 결혼생활의 에피소드가 묘사된 드라마였습니다.

결혼은 사랑하는 사람을 만나 헤어지기 싫고 영원히 함께하고 싶어 시작됩니다. 그렇지만 실제 결혼생활이 날마다 행복하지는 않습니다. 행복하려고 결혼하지만, 그 드라마의 내용처럼 말도 안 되게 싸우기도 하고, 의도하지 않게 상처를 주고받기도 하지요.

그렇다면 그 이유가 뭘까요? 서로에 대한 이해나 지식이 없어서 그렇기도 하고, 성경적인 결혼의 원리를 몰라서 그렇기도 할 것입니다. 따뜻한 가정에서 자란 경험이 없어 어떻게 사랑해야 할지 모르기도 하고, 미숙해서 그렇기도 합니다. 그래서 경산중앙교회는 하나님이 기뻐하시는 가정을 꿈꾸며, 실제로 행복한 가정을 이루기를 소망하여 10년 전부터 가정사역을 시작하였습니다.

'사랑의 순례'에 참여한 부부의 행복한 순간입니다.

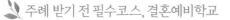

경산중앙교회에는 결혼을 앞둔 커플을 대상으로 한 '결혼예비학교'와 부부를 대상으로 한 '사랑의 순례' 프로그램이 있습니다. 두 사역을 통해 하나님이 만드신 최초의 공동체인 가정이 어떠해야 하는지 가르치고, 천국과 같은 가정의 모습을 경험하게 하고 있습니다. 두 사역 모두 행복한 가정은 저절로 이루어지지 않는다는 것을 확인하게 해주면서, 함께 노력하고 헌신하며 하나님께 가정을 온전히 맡기기를 결단하는 시간이 됩니다.

결혼예비학교는 경산중앙교회의 담임목사에게 주례를 받기 위해 거쳐야 하는 필수 과정입니다. 담임목사의 아내가 코치가 되어 3주간 결혼의 성경적 원리, DISC를 통한 서로의 차이, 결혼생활에서의 세 가지 큰 주제에 대해 가르치고 상담합니다. 이 과정에서 사용되는 교재 내용과 체험적 조언을 담은 책이 바로 《결혼을 앞둔 그대에게》(김종원, 성민경 지음, 아르카 간)입니다. 이 과정을 통해 결혼을 앞둔 커플은 결혼의 목적이 연합과 헌신인 것을 배우고 다짐합니다. 서로가 어떻게 비슷하고 다른지 확인하여, 서로의 다름이 틀린 것이 아닌 다양함인 것을 인정하고, 서로 연합해야 할 영역임을 발견하게 되는 것이지요. 또한 재정과 성, 의사소통 등 실제적인 영역에서 어떤 기준을 가지고 어떻게 서로를 섬길지에 대해서도 논의합니다. 3주간의 과정을 마친 후에는 담임목사와 만남의 시간에 서로를 축복하고 결혼예식을 준비하게 됩니다. 교회에서 아름다운 가정, 모델이 되는 가정이 되기를 소망하며 함께 기도하는 시간이 되지요.

🌿 기혼자를 위한 가정사역, 사랑의 순례

'사랑의 순례'는 기혼자를 위한 가정사역입니다. 2011년 다섯 가정의 헌신으로 1기가 시작되었고, 9기까지 273가정의 순례자와 연인원 1000여명의 섬김이가 참여한 1박2일의 부부 수련회 프로그램입니다.

사랑의 순례를 통해 문제가 있는 부부가 회복되는 경우가 매우 많았습니다. 이혼 직전의 가정이 다시 결혼생활을 시작하기로 다짐하기도 하고, 믿지 않는 배우자가 참여해 은혜받고 신앙생활을 시작하기도 했습니다. 그러나 사랑의 순례는

'사랑의 순례' 수료식에는 모든 교역자와 가족들이 참여해
서로를 축하하고 축복합니다.

'사랑의 순례'를 섬기는 스태프는
이 과정을 앞서 거친 부부들입니다.

문제 부부만 참여하는 프로그램이 아닙니다. 더 사랑하기 위해, 더 행복하기 위해 참여하고, 실제로 서로에 대해 더 알아가고 더 소통하고 더 표현하는 방법을 배우면서, 그렇게 살기로 다짐하는 기회가 됩니다. 섬김이, 즉 먼저 이 과정을 거친 부부들을 통해 행복한 부부의 모델을 경험하고 코칭을 받기도 합니다.

섬김이들은 사랑의 순례 사역을 특별하게 만드는 사람들입니다. 프로그램 참여자(순례자)보다 훨씬 많은 수의 섬김이들이 자비로 참여합니다. 대부분 순례자로 참여했다가 은혜를 받고, 섬김에 감사하고 감동하여 섬김이로 섬기게 된 것이지요. 섬김의 선순환이 이루어진 셈입니다. 섬김을 받으며 은혜를 받고, 은혜를 받은 자가 섬김의 자리에서 또 다른 이를 섬기는 것입니다. 사랑의 순례는 섬김이의 수고로 이루어진다고 해도 과언이 아닙니다.

섬김이 김인환 집사는 이렇게 고백합니다.

"모든 부서가 다 중요하지만 저는 가정사역부의 사랑의 순례가 정말 귀한 사역이라고 생각합니다. 누구나 가정이 있습니다. 하나님께서 최초로 만드신 공동체가 가정인데, 세상의 모든 가정이 행복해질 때까지, 아니 먼저 우리 교회의 부

부부를 위한 '사랑의 순례'는
가정이 살고 교회가 살고
세상이 살아나는 사역입니다.

부와 가정이 모두 행복해질 때까지, 우리 교회의 사랑의 순례가 계속 되었으면 좋겠습니다."

섬김이 이인섭 집사의 고백은 이렇습니다.

"돌아보면 '사랑의 순례'는 말 그대로 사랑이 넘치는 순례였습니다. 사랑의 순례가 시작되기 전 6개월 전부터 순례자 모집과 더불어 섬김이들 서로를 위해 금식기도 릴레이에 참여합니다. 과부의 두 렙돈 같은 비상금의 전부를 이웃의 순례자 회비로 낸 섬김이도 있고, 영업 일을 하는 사람이 월말임에도 불구하고 자신의 우선순위를 사랑의 순례 섬김에 두고 참여한 일도 있었습니다. 자신의 몸은 돌보지 않고 TFT(봉사 전담팀)가 된 섬김이나, 직장을 그만두면서까지 섬김이의 자리를 지킨 이도 있었습니다. 이 외에도 많은 섬김이들의 땀과 눈물과 사랑이 모여, 지난 10여 년 동안 경산중앙교회에 가정사역의 강이 흐르도록 만들었습니다."

결혼예비학교를 섬기는 목회자 부부나 사랑의 순례를 섬기는 평신도 부부 모두 완벽한 부부는 아닙니다. 갈등을 경험하기도 하고 싸우기도 합니다. 그렇지만 행복한 가정을 만들기 위해 무던히 노력하는 주님의 백성들이 가정사역에 참여합니다. 경산중앙교회의 모든 부부들이 행복하게 살도록 돕기를 간절히 소망하는 마음이 있기 때문입니다.

가정은 하나님이 디자인하시고 만드신 인류 최초의 공동체이기에 아름답고 행복한 곳이어야 합니다. 그리고 그 가정이 살아야 교회가 삽니다. 경산중앙교회는 예비부부든 결혼한 연수가 얼마가 되었든, 행복한 가정을 누리면서 이 땅의 천국을 누리기를 소망합니다. 그러므로 함께 웃음과 눈물을 나누는 가정사역은 계속될 것입니다.

#가정사역 #결혼예비학교 #결혼을앞둔그대에게
#사랑의순례 #섬김이 #행복한가정 #순례자

Chapter 14

형제 교회와 함께
공생하는 교회

찾아가 더불어 행복을 나누는 동행

 교회와 교회가 형제가 되어

많은 사람들이 외롭다고 말합니다. 테레사 수녀는 "가장 끔찍한 빈곤은 외로움과 사랑받지 못한다는 느낌"이라고 말했지요. 그의 표현대로라면 가장 끔찍한 빈곤을 경험하는 사람들이 많다는 뜻일 겁니다. 그것이 실제든 느낌이든, 이 시대 다수의 사람들이 외로움에 시달리며 잠을 이루지 못하고 삽니다. 시편 기자 또한 "내가 밤을 새우니 지붕 위의 외로운 참새 같으니이다"라고 호소했습니다(시 102:7). 하나님은 인간을 보배롭고 존귀한 자(사 43:4)라고 선언하셨지만, 정작 시인은 자신을 하찮은 참새에 빗대어 표현했던 것입니다.

성도도 외롭습니다. 예수 그리스도를 구주로 모시는 성도는 세상의 빛으로, 세상의 소금으로 살아가다가 따돌림을 당하기도 하고, 외로움을 경험하기도 하니까요. 교회는 어떻습니까? 교회 역시 싸늘한 세상의 시선을 견뎌야 하기에 외롭습니다. 대형교회도 나름의 고충이 있어 외롭고, 작은 교회는 작은 교회대로 어렵고 외로움이 있습니다. 만약 큰 교회와 작은 교회가 함께 할 수 있다면 어떻게 될까요? 외로움의 문제를 넘어 동역의 기쁨까지 더불어 누릴 수 있지 않을까 하는 기대감이 생기지 않습니까?

저희 교회가 한국 각 지역의 작은 교회들을 형제 교회로 여기고, 공동체 의식을 가지고서 그들과 함께 행복을 누리기 위한 고민을 하기 시작했습니다. 외로운 현대 사회에서 우리 교회만 사는 것이 아니라, 지역의 형제 교회들과 함께 살아가는 것이 해답이라는 결론을 내렸기 때문입니다. 그래서 '더불어 프로젝트', '국내선교', '농어촌교회 여름성경학교' 사역을 하고 있습니다.

더불어 프로젝트는 2019년에 경산중앙교회의 60주년 기념 사역으로 시작되었습니다. 처음에는 일손이 부족한 농어촌으로 들어가서 지역교회를 중심으로 믿지 않는 이웃들의 농사일을 돕고, 지쳐 있는 지역교회의 목회자들에게 힘을 주는 것을 목표로 삼았습니다.

한 해 동안 512명의 경산중앙교회 성도들이 영천, 청도, 추풍령, 성주, 의성, 여수에서 그 지역교회들과 더불어 섬김의 사역을 감당했습니다. 예배당 보수가 필요한 교회는 보수 작업을 해주었고, 일손이 필요한 곳에선 마늘종 뽑기, 대추 수확, 사과 따기 등의 노동으로 섬겼습니다. 이·미용 봉사, 마사지 봉사, 가가호호 전도를 통해 복음을 전하고, 교회로 초청하여 함께 예배를 드리기도 했습니다.

경산중앙교회의 더불어 프로젝트에는 원칙이 있습니다. 도움이 필요한 교회를 돕기도 하지만, 봉사의 손길은 철저하게 교회를 다니지 않는 불신 이웃들을 대상으로 한다는 것입니다. 그 결과, 더불어 프로젝트를 통해 317명의 불신 이웃이 그 지역의 교회를 방문하게 되었습니다.

성도들이 지역교회의 이웃에게 봉사하는 더불어 프로젝트에 참여해
낡은 벽에 페인트 칠을 하고 있습니다.

"멀리 가고 싶다면 함께 가라"는 아프리카의 속담이 있습니다. 주변의 교회들과 함께 살고자 시작한 이 프로젝트를 통해 경산중앙교회는 더불어 살아가는 기쁨을 누리고 있습니다. 그래서 이 사역을 2019년 한 해의 기념 사역으로 그치지 않고 지속하기로 결정하였습니다. 대형교회만 살아남는 시대가 아니라, '한 영혼을 그리스도의 제자로 세우는 교회'의 목회철학에 맞추어, 함께 하나님 나라를 꿈꾸며 나아가는 시대적 사역을 감당할 예정입니다.

🌿 초단기 국내선교

경산중앙교회는 매년 3월에 '가는 선교사·보내는 선교사'를 작정합니다. 그리스도의 자녀는 복음의 군사로서 선교의 사명 앞에서 예외가 없기 때문에, 직접 몸이 가든지 물질과 기도가 가든지, 어떤 모양으로든 선교에 동참하기로 결단하고 헌신을 다짐하는 시간입니다. 2019년에는 국내외 선교지로 16개 팀의 375명이 '가는 선교사'로 헌신했고, 수많은 성도들이 보내는 선교사가 되기로 헌신했습니다.

교회에서 하는 단기 선교는 대부분 1주일 남짓 시간의 헌신을 요구합니다. 그러나 성도들이 빡빡한 일상에서 일주일 이상 시간을 떼어서 헌신하는 것은 현실적으로 쉽지 않지요. 그래서 2박3일 정도 짧은 기간 동안 집중하여 참여할 수 있는 선교 프로그램을 개발하였습니다. 그 정도 기간이면 휴가를 이용할 수도 있기 때문입니다.

한 여름 짧은 휴가 기간을 반납하고 선교에 참여하는 많은 성도들의 헌신은 영혼구원의 열매로 이어졌습니다. 이러한 '초단기 국내선교'는 남해와 제주 등에서 이루어지고 있습니다. 국내선교는 2000년에 한산도 사역을 시작으로 시작되었습니다. 2014년부터 시작된 제주선교는 2019년에 도내 10개의 교회를 섬기는 데 이르렀으며, 76개 팀이 구성돼 연인원 770명이 헌신했습니다. 2018년부터 시작된 남해선교에는 여름에 2개 교회를 중심으로 150명가량이 참여하였습니다.

대부분의 선교가 여름에 이루어진다면, 다른 계절에도 또 하나의 특별한 프로그램이 있습니다. '찾아가는 아름다운 동행'이란 이름으로 선교 대원들이 여름에 방문했던 선교지를 다시 방문하는 것입니다. 지속적인 만남을 통해 전도한 이웃들을 교회에 정착시키려는 노력의 일환이지요. '찾아가는 아름다운 동행'에 참여하는 성도들은 책임감과 애정이 무척 큽니다. 마치 고향집을 찾아가듯, 여름에 만났던 교회와 성도들의 안부를 묻고 그동안 쌓았던 기도의 열매를 함께 누립니다. 이 또한 더불어 기쁨을 누리며 살아가는 아름다운 성도들의 모습이 아닐런지요?

 청년들의 농어촌교회 여름성경학교

청년들의 자발적 헌신으로 시작된 사역도 있습니다. 바로 농어촌교회 여름성경학교 사역입니다. 경산에 삶의 터전을 꾸렸지만, 자라났던 출신 교회의 어려운 사정을 공감하며 함께 은혜를 누리고픈 한 청년의 마음에서 시작된 사역입니다. 현재 경남 기장 지역을 중심으로 여름성경학교 섬김을 하고 있는데, 2박3일간 운영되며 지속적일 수 있도록 연계 사역을 시도하고 있습니다. 이 사역을 통해 장년뿐 아니라 청년들도 다른 교회들과 더불어 살아가는 법, 함께 은혜를 나누며 살아가는 법을 배워가고 있습니다.

함석헌 시인은 '그대 그런 사람을 가졌는가?'라는 시에서 "온 세상이 다 나를 버려 마음이 외로울 때에도 '저 맘이야' 하고 믿어지는 그 사람을 그대는 가졌는가?"라고 묻습니다. 성도라면 그 질문에 답할 수 있습니다. 온 세상이 다 나를 버려도 우리에게는 주님이 있고 교회 공동체가 있다고.

경산중앙교회의 성도들은 이러한 공생 사역을 통해 "저 맘이야"하고 믿어지는 사람을 가지게 됩니다. 그런 사람을 우리 교회뿐만 아니라 하나님의 공교회에서 만나기도 하는 것이지요. 그래서 우리는 소망하게 됩니다. 외로운 사람에게 다가가 그리스도의 사랑을 전하는 교회가 되고 싶다고요. 우리 교회는 주변의 형제 교회들과 함께 동역하며 살아가는 그런 교회가 되고 싶습니다.

#공생하는교회 #더불어프로젝트 #국내선교 #농어촌교회여름성경학교

Chapter 15

시골에서
세계를 품는 비결

국내 체류 외국인을 섬기는 예배모임

🌿 가는 선교사, 보내는 선교사

지금의 한국이 기독교 강국이 된 것은 누군가 한 알의 밀알
이 되어 썩어졌기 때문입니다. 1832년 조선 땅을 처음 밟은
귀츨라프 선교사를 시작으로, 한국의 복음화를 위해 유럽과
미국 등지에서 선교사들이 조선을 찾아왔습니다. 이 귀한 선
교 사역은 본국에서 선교사를 보내고 물질과 기도로 지원한
성도들의 헌신이 있었기에 가능했습니다.

이처럼 선교는 몸으로 '직접 가는 선교사'가 되는 길과 물

질과 기도로 동역하는, 이른바 '보내는 선교사'가 되는 길로 나뉩니다. 그 길은 사실 같은 길로 통합니다.

과거엔 외국인의 선교를 통해 복음을 접하고 하나님의 백성이 된 우리나라가, 이제는 열방을 향해 선교사를 보내고 물질과 기도로 동역하고 있습니다. 한국세계선교협의회(KWMA)가 2019년 1월에 발표한 '2018년 12월 현재 한국 선교사 파송 현황'에 따르면 총 2만 7,993명의 선교사가 171개국에서 활동하고 있다고 합니다. 가깝게는 국내부터 전세계의 믿지 않는 영혼들을 향해 하나님의 마음을 전하러 가는 것이 선교입니다.

 26만 인구 경산에 2만 명의 외국인

선교지로 가는 선교사와 그들을 보내는 선교사가 대상으로 삼는 현장과 또 다른 현장의 선교 대상이 있습니다. 바로 국내에 체류해 있는 외국인입니다. 대한민국은 이미 2016년에 국내에 거주하는 외국인이 200만 명을 넘어 다문화시대를 맞이하였으며, 2020년에는 300만 명이 넘어설 것으로

인구 26만인 경산에 2만명에 달하는 외국인이 삽니다.
그들에겐 도움의 손길과 복음이 필요합니다.

전망하고 있습니다. 이제는 멀리 가지 않아도 우리와 함께 살아가는 외국인들을 쉽게 만날 수 있습니다. 이들은 여러 나라에서 유학이나 취업이나 결혼 등 다양한 목적으로 우리나라에 찾아와 살고 있지만, 동일하게 복음이 필요한 선교의 대상입니다.

인구 26만의 소도시인 경산에 거주하는 외국인의 수만 해도 어느덧 2만 명을 넘어서고 있습니다. 2018년 통계청의 발표에 따르면 경산에 무려 12개의 대학이 있고 5천 명이 넘는 외국인 유학생이 있다고 합니다. 2개의 산업공단과 경제자유특별지구의 외국인 근로자 수만 해도 1만 명이 훨씬 넘습니다. 주말이 되면 생필품을 사고 정보를 주고받고 문화생활을 즐기려는 외국인들로 경산시장은 북새통을 이룹니다. 이쯤 되니 시장상인들도 서너 개 나라의 인사말은 기본으로 할 수 있을 정도가 됐습니다.

이들에게는 정착을 도울 손길이 필요하고, 이야기를 나누고 교제하는 공동체도 필요하지만, 무엇보다 가장 필요한 것은 복음입니다. 따라서 경산중앙교회는 다양한 언어로 예배와 선교사역을 진행하고 있습니다.

영어예배부의 행복한 모습과 뜨거운 찬양.

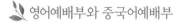

경산중앙교회의 영어예배부는 GEM(Gyeongsan-Joongang English Ministry)으로 불립니다. 미국, 필리핀, 베트남, 인도, 아프리카 등 여러 나라에서 찾아온 유학생, 근로자, 직장인, 교수들이 함께 모여 예배를 드리고 서로 돕는 아름다운 공동체이지요. 매주 뜨거운 찬양으로 예배를 시작하고, 선 채로 대화를 나누는 '스탠딩 펠로십'으로 교제하며, 한국어 수업을 통해 생활에 안정과 도움을 주고 있습니다. 특히 2017년에는 '사마리아 펀드'를 만들어 어려움에 처한 지체를 도왔는데, 외국인들 사이에서 선한 나눔의 공동체라는 소문이 나기도 하였습니다.

학기가 개강하면 외국인과 교사 20명이 학교 내 캠퍼스, 국제관, 대형마트와 번화가, 시장 등으로 노방전도를 다니는데, 최근엔 30명 정도가 전도돼 이 공동체에 정착했습니다. 또한 'His Presence Worship with GEM' 찬양집회를 개최하여 지역 내의 영어권 예배자들이 뜨거운 찬양으로 예배를 드리기도 합니다.

중국어 예배부는 2007년 중국인 유학생과 근로자들의 생

본토로 심방을 다녀오기도 한 중국어 예배부의 중국인 성도들.

복음이 널리 퍼지지 못한 일본을 섬기는 일본 단기 선교팀.

활고를 해결해주면서 시작되었습니다. 당시 부서를 담당했던 한 교역자 부부는 이들에게 보모와도 같았습니다. 교회의 성도 중 의사들은 이들의 주치의가 되었고, 누군가는 차량 운전을 제공해 그들의 발이 되어주었고, 누군가는 엄마처럼 따뜻한 밥을 지어주었습니다. 그러자 오래지않아 그들의 삶의 문제들이 해결된 자리에 복음이 들어가기 시작했습니다.

함께 예배하며 말씀으로 훈련되었고, 한국 안에서 비전 트립을 다녀온 후에는 그들의 고국인 중국을 가슴에 품기 시작했습니다. 그 결과 교사들과 함께 중국으로 '대심방'을 다녀오기도 했습니다. 방학을 맞아 귀국한 지체들과 오래전에 고국으로 돌아간 이 공동체의 지체 가정을 방문한 것입니다. 때로는 하루에 무려 2천 킬로미터 이상을 달려 그들의 가정을 방문하고, 신앙을 다시 세우고, 그 가족에게 복음을 전했습니다.

지난 15년간 경산중앙교회 중국어 예배부를 다녀간 지체들은 500명이 넘습니다. 그중 중국 난징에서 온 왕 모 형제는 목회자로 헌신하였고, 10년 뒤에 선교사로 파송 받기 위해 당시의 담당교역자를 찾아와 기도를 받고 떠나갔습니다. 지금은 순회선교선인 로고스호를 타고 세계를 다니며 복음을 전하고 있습니다.

캄보디아어 예배부는 경산중앙교회에 세 번째로 생긴 외국어 예배 부서입니다. 누구보다 캄보디아인을 잘 이해하는 캄보디아 선교사와 캄보디아인 부부를 중심으로 캄보디아어 예배가 시작되었습니다. 참여하는 성도들 대부분이 어린 나이에 고국을 떠나 산업현장에 뛰어든 근로자들로서 누구보다 사람을 그리워합니다. 그래서 두세 시간 떨어진 먼 지역에서 오는 이도 있습니다. 예배 외에도 한국어, 피아노, 컴퓨터, 영어, 운전 등을 가르쳐 정착을 돕고, 스스로 영아부를 운영하여 자녀에게 신앙의 유산을 물려주고 있습니다.

이들은 한국에서 경제적 도움을 받는 것 이상으로 신앙과 삶을 배우고 있습니다. 언제부턴가 그들 스스로 노방전도를 시작했고, 고국으로 단기선교를 다녀오기도 했습니다. 교회 전체의 전도행사인 진군식에도 참여하여 고국의 문화를 소개했습니다. 행복한 사람들의 축제에 동료를 데려오는 얼굴을 보면 기쁨이 가득하지요.

경산에 거주하는 캄보디아 성도들입니다.

다른 언어권은 아니지만, '수어'(手語)라는 언어를 쓰는 공동체가 있습니다. 바로 농아인들의 예배 모임인 '농인부'이지요. 2002년에 예배를 드리러 오신 1명의 농아인을 위해 경산중앙교회는 수어통역서비스를 시작했습니다. 시간이 지나면서 지역 내에 점차 소문이 나기 시작하였고 방문하는 농아인들의 수 또한 늘어갔습니다. 심지어 지역을 넘어 해외에서도 교류와 탐방을 위해 교회에 찾아오기도 합니다.

농인부 예배는 2008년부터 경산중앙교회의 정식 부서가 되어 연인원 500명 이상의 농아 성도들을 섬기고 있습니다. 그런데 농아인들도 선교를 할 수 있을까요? 다소 불편하다는 제약이 있지만, 경산중앙교회의 농아인 선교팀도 선교지를 다녀왔습니다. 2019년 여름 캄보디아로 단기선교를 다녀온 것입니다. 마침 한류 덕분에 캄보디아 농아인 사회에서 한국어 수어를 배우는 열풍이 불고 있었습니다. 그들과 함께 뜨겁고 열정적인 수어 예배를 드리고 노방전도를 하며, 준비한 사역으로 캄보디아 지역을 섬겼습니다.

2020년부터는 지역 내 지적 발달 장애인을 위한 '소망부'

를 개설하여 가족과 함께 예배할 수 있는 공간을 제공하고 다양한 참여의 기회를 만들 계획입니다. 또한 베트남어 예배부를 비롯한 다양한 언어권의 예배 모임을 만들 것입니다.

'불출호 지천하(不出戶 知天下)'라는 말이 있습니다. 집을 나서지 않고도 천하를 본다는 의미입니다. 바둑 프로 8단의 별칭인 '자조'의 경지에 이른 것과 같이, 가만히 앉아서도 세상의 모든 변화를 꿰뚫는다는 말이기도 합니다. 경산중앙교회가 시골 같은 경산에서 세계를 품을 수 있었던 것은 경산으로 찾아온 외국인을 좌시하지 않았기 때문입니다. 한 명이라도 외국인 영혼이 찾아올 때, 그의 필요를 채우기 위해 성도들이 헌신하고 예배하는 공동체를 만들어갔습니다. 결국 한 영혼을 소중히 여기는 교회의 목회철학은 시골의 제한을 넘어 세계를 품게 한 원동력이 되었습니다.

#국내체류외국인선교 #영어예배부 #중국어예배부 #농인부예배
#불출호지천하

하나님의 마음을 시원케 하는
교회로 존재하기를

2019년, 제1호 분립개척 및 60주년 사역으로 전력하고 있을 때, 국민일보로부터 '숨은 진주와 같은 건강한 교회'로서 경산중앙교회를 한국교회에 소개하고 싶다는 기획기사 의뢰를 받았다. 교회의 결정 후에, 16주간 매주 게재될 주제와 순서를 논의하기 위해 여름교역자수련회 중 제법 긴 시간을 할애했다. '브레인 라이팅'(brain-writing)을 통해 36명의 교역자가 의견을 나누다 보니, 얼마나 많은 사역이 경산중앙교회에서 이루어지고 있는지 우리 스스로도 놀랐다.

16주의 기획기사를 통해, 2009년 담임목사로 부임한 후지난 10여 년 동안 경산중앙교회에서 섬긴 사역을 정리할수 있어 참 감사했다. 참으로 다양한 영역에서 다양한 계층과 연령의 사람들을 섬기며 교회 안팎으로 선한 영향력을 미칠 수 있어 감사하기도 하지만, 이러한 사역들을 가능하게 한 경산중앙교회의 당회 장로님들과 교역자들, 그리고 무엇보다 성도들의 동역이 눈물겹게 감동스럽다.

이처럼 교회의 사역은 한 사람의 슈퍼스타가 아니라 수많은 헌신자들의 수고와 노력으로 이루어진다. 마치 퍼즐과 같다. 각각의 퍼즐 조각은 어떤 의미인지 때로는 이해하기 힘들지만, 모든 퍼즐이 맞추어지면서 의도된 큰 그림이 드러난다. 주님이 기뻐하시는 이 땅에서의 하나님 나라가, 이 작은 퍼즐 조각과 같은 성도들의 섬김으로 그려짐에 감사함이 넘친다.

이 책이 나오기까지 수고한 이들께 감사의 마음을 전하고 싶다. 원고 집필에 동역한 김진홍 장로님, 조인식 목사님, 윤신광 목사님, 김보훈 목사님, 이상천 목사님, 박세동 목사님, 박춘석 목사님과, 생생한 사역현장의 사진을 모아준 박용운 목사님께 감사를 전한다. 원고작성과 정리, 교정을 도와준 평생 동역자, 아내 성민경에게도 감사의 인사를 전한다. 경산중앙교회가 이 땅에 존재하는 한 하나님의 마음을 시원하게 하는 교회로 존재하기를 소망한다.

사랑과 감사로,
경산중앙교회 담임목사 김종원

행복을
만드는
교　회